Los crímenes sexuales.
Psicopatología del delito

Blanca V. Navarro
Alicia Romero Fernández

Crímenes sexuales. Psicopatología del delito

SEKOTIA

Primera edición: mayo de 2024

Editorial Sekotia • Colección Mi expediente favorito
Editor: Humberto Pérez Tomé Román
Corrección y maquetación: Helena Montané

www.sekotia.com
pedidos@almuzaralibros.com - info@almuzaralibros.com

Editorial Sekotia
Parque Logístico de Córdoba. Ctra. Palma del Río, km 4
C/8, Nave L2, nº 3. 14005 - Córdoba

Imprime: Gráficas La Paz
ISBN: 978-84-19979-23-0
Depósito legal: CO-647-2024
Hecho e impreso en España-*Made and printed in Spain*

Índice

Prólogo

A menudo, el atrevimiento de enfrentarse a cuestiones tan complejas y controvertidas como las que aquí intentamos desarrollar nace tanto de la casualidad como de la causalidad. Así la idea de escribir este libro surge mientras nos resguardábamos de la incondicional lluvia que tradicionalmente acompaña a la Feria del Libro que se celebra en el Parque del Retiro, donde aquel sábado habíamos firmado, pese al diluvio, con más éxito del esperado, *Niños Asesinos*, de esta misma editorial.

Un par de meses antes ya habíamos empezado a trabajar como peritos forenses en la defensa de un famoso deportista que, tras mantener relaciones sexuales en el reservado de una discoteca en Barcelona, había sido acusado de violación, tema que, por supuesto, se convirtió de inmediato en el centro de todos los programas de tertulias del corazón. Cada día publicaban, los opinadores oficiales, miles de artículos que, a aquellas iniciales alturas de la instrucción, ya lo habían inculpado, sentenciado y condenado. Apenas acababa de aprobarse en el Congreso de los Diputados la ley del solo sí es sí y cada día los telenoticiarios abrían sumando el número de agresores sexuales liberados por los errores técnicos de esa ley, mientras sus señorías, diputados legisladores, debatían una Ley Orgánica para enmendarla, en un ambiente nacional preelectoral previo a los comicios municipales.

En esas estábamos cuando, permutando la lluvia por una conversación más sugerente, nuestro editor, como no podía ser de otra manera, sacó a colación los temas del momento, y así germinó este libro que estás a punto de empezar a leer.

Nos ha llevado muchas semanas reflexionando como mujeres, como madres, como forenses. Y muchas de aquellas reflexiones las encontraréis entre las páginas de este libro.

Indudablemente somos hijas y nietas de mujeres occidentales que lucharon por el derecho a ser reconocidas en igualdad con nuestros padres y abuelos. Mujeres que vivieron la transición desde la dictadura, el destape en las playas de la costa mediterránea y nos vieron crecer y pasar de niñas a mujeres en los dorados años ochenta. Es inmenso el cambio de marco conceptual desde el que se perciben los delitos sexuales contra las mujeres, que entonces eran un atentado contra la propiedad de los hombres que las tutelaban y contra el honor de los miembros masculinos de la familia. De este marco, aunque nos parezca increíble, se ha salido tan solo hace 50 años en nuestro país.

A su vez, los nuevos tiempos que han traído la globalización y las migraciones también nos han convertido en madres de futuras mujeres y hombres que tendrán que encontrar su manera de relacionarse entre ellos en un nuevo y difícil paradigma. Mientras Occidente lleva siglos luchando por la igualdad, los grandes movimientos humanos nos han hecho convivir, a estas mujeres empoderadas que somos, con las hijas de otras culturas que aún tienen normalizado un papel de la mujer exclusivamente recluido al ámbito doméstico.

Vivimos en una sociedad extraña en la que los últimos desarrollos tecnológicos, incluida la recién llegada inteligencia artificial han hecho que cada vez estemos más interconectados y a la vez más aislados.

Mientras se legisla que piropear con mal gusto sea un delito para descosificar a las mujeres y se condena a los varones que osen proferir comentarios que trasluzcan su admiración o su deseo sexual, todavía esperamos, cada año, las campanadas para ver el vestido de la Pedroche y toda la parte del cuerpo que le va a quedar al descubierto.

Mientras las normas sociales cada vez son más puritanas y restrictivas, se normalizan absolutamente las relaciones sexuales casuales y las aplicaciones donde se conocen parejas para establecer relaciones con escaso compromiso.

Internet pone al alcance de cualquiera páginas web con contenidos para adultos donde también los menores, con solo clicar, pueden acceder, sin límite, a todo tipo de pornografía, sin más control que una pregunta acerca de si han cumplido la mayoría de edad, cuestión que, con simplemente contestar afirmativamente, burlan y que conlleva que, con demasiada frecuencia, esta sea su única fuente de educación sexual.

En otro orden de cosas, la situación no es más halagüeña. Las noticias de actualidad reciente han abierto las portadas con titulares de una ministra de Justicia a la que le habían grabado sin su consentimiento en una conversación informal que desvelaba que jueces y fiscales acabaron con menores durante un viaje en Colombia. Otra noticia que implicaba a la actual presidenta de las Cortes, cuando fue presidenta de su autonomía, mientras defendía los postulados más feministas, encubrió que menores tuteladas por la Generalitat aprovechaban sus salidas o fugas para prestar servicios sexuales. En la misma línea, hace escasamente un mes, el exmarido de otra presidenta autonómica fue condenado a cinco años de cárcel por abusos sexuales continuados a una menor tutelada en un centro de menores en el que él era educador y mientras aún era marido de la expresidenta.

Se ha levantado el secreto de sumario que incluye declaraciones de testigos, correos electrónicos y escritos legales con más de un centenar de nombres propios de la llamada lista de Epstein, donde se encuentran los nombres de ministros, presidentes y el hijo de alguna reina. Muchos de ellos han sido identificados como personas que cometieron actos sexuales con menores en sus viajes a la isla de Jeffrey Epstein, suicidado en una prisión de alta seguridad de Manhattan en agosto de 2019 mientras esperaba a ser juzgado por sus delitos sexuales.

Cinismo, hipocresía y doble moral que hace que quienes están implicados en estos escándalos sean los mismos legisladores o quienes aplican las leyes sin que tenga absolutamente consecuencias ni más trascendencia que el relleno en algunas tertulias televisivas hasta que surge otra «última hora» de mayor intensidad.

Casos como el beso de Rubiales a la futbolista Jennifer Hermoso, que ha abierto más telediarios y ha recibido más apoyos por parte de las asociaciones feministas internacionales que las violaciones, mutilaciones y torturas del día 7 de octubre a las mujeres de los kibutz y del Festival por la Paz en el sur de Israel, nos llenan de estupor.

En este escenario de paradojas y contradicciones hemos querido reflexionar como psiquiatra y psicóloga forenses acerca de los roles, de los afectos, de las expectativas y los miedos de hombres y mujeres implicados como víctimas y como victimarios de diferentes conductas sexuales delictivas. Hemos querido profundizar en sus condicionantes culturales y sociales, en su psicopatología y en los diversos perfiles criminales y factores que predisponen a la victimización.

Nos hemos adentrado en los entresijos de los abusos a menores, tanto en el ámbito intrafamiliar, en las escuelas como en los entornos de explotación sexual y en las redes de pornografía infantil.

Siguiendo con la sexualización de los menores, hemos querido detenernos en un fenómeno aparentemente lejano culturalmente pero cada vez más frecuente en nuestro medio y que ha requerido crear unidades policiales especializadas, como son los matrimonios forzados con menores y las prácticas de mutilación genital femenina en las niñas.

El acoso sexual es una práctica delictiva que puede darse en el mundo laboral y que, hasta no hace demasiado, estaba silenciado y cada vez más se acompaña de estadísticas escandalosas. El acoso por razón de sexo es otra practica delictiva que, a veces, va de la mano de la anterior y que pone de manifiesto cómo la entrada de la mujer en el ámbito laboral aún en muchos medios no se equipara profesionalmente a la de los hombres.

Cuando este acoso se hace valiéndose de las herramientas tecnológicas de internet, abrimos otro abanico de perfiles y delitos posibles, amparados en el anonimato, donde con mucha frecuencia, las víctimas vuelven a ser los menores. Los pedófilos ya no van a tener que ir al parque con caramelos para ganarse la confianza de los niños, porque se pueden hacer pasar por otro niño de su edad en internet.

Internet también es el espacio de los engaños emocionales, de las relaciones de pareja esporádicas, de los encuentros casuales en los que los malentendidos y las malas intenciones tienen el entorno idóneo para campar a sus anchas. A la vez que se empodera a las mujeres para sentirse validadas cuando las relaciones sexuales no son suficientemente respetuosas, proliferan las denuncias por agresiones grupales en manada por jóvenes que, por la fuerza, violan a chicas por mera diversión. Prolifera el uso de sustancias para lograr doblegar la voluntad de las víctimas sin recurrir a la fuerza y se desmantelan redes de tráfico y trata de mujeres traídas a Occidente mediante el engaño.

Aunque el libro no lo contempló inicialmente, quisimos incluir otro capítulo para hablar de las violaciones como arma de guerra, habida cuenta de los horrores perpetrados por Hamas en Israel, y en la guerra de Ucrania, ambos conflictos activos donde la violencia sexual no encuentra límites cuando los beligerantes convierten a las sociedades en Estados fallidos y solamente impera la ley de la fuerza. Y también, las violaciones a hombres como forma de humillación y tortura.

Hemos hecho un recorrido por diferentes delitos silenciados y por las sombras de la sexualidad cuando esta es fuente de poder, se asocia a la agresividad e implica posesión. Cuando la relación sexual se convierte en la relación con un objeto, tanto si se encuentra placer al domeñar y doblegar la voluntad del sujeto-objeto, o utilizarlo a discreción, o cuando el placer se deriva exclusivamente de destruirlo. Cuando ese objeto sexual es otra persona y se conculcan sus derechos más básicos nos encontramos ante un delito. Quizá alguien se sorprenda porque no hemos querido olvidar en nuestro enfoque que las víctimas de los delitos sexuales a veces son también los hombres, muy especialmente menores, y que las mujeres a veces también participan como victimarias para no caer en estereotipos y mantener el pensamiento crítico.

Confiamos en no herir la sensibilidad de los lectores. Confiamos que el morbo no sea el único motor para ir avanzando por estas páginas y que al escudriñar estas estancias oscuras de la conducta sexual se albergue una curiosidad sincera para entender y amar mejor al ser humano.

Barcelona, marzo del 2024.

1. Cuando los menores son las víctimas

Entrenador de un equipo de futbol infantil y con una condena de prisión de cuatro años a sus espaldas, F. recuerda que, a la edad de 16 años, su madre le descubrió en su habitación realizando tocamientos a su primo menor de edad. La mujer se escandalizó, pero no hizo nada. No se trató el tema, se ocultó bajo la alfombra y se silenció ese episodio. Pero el silencio en este tipo de trastornos lo único que genera es que se agrave más el problema. Y así fue. F. reconoce que se formó como entrenador de futbol con el único objetivo de estar cerca de los niños. Años más tarde fue detenido porque, haciéndose pasar por una chica, pidió a un menor de 13 años por internet fotos de contenido sexual, sin ropa. Cuando F. explica su historia trata de eludir su responsabilidad, proyectando su culpa en los padres del menor con el que chateaba «por no estar pendientes de lo que hacía su hijo en el ordenador». Al ser detenido, no sintió ningún atisbo de culpa, no le parecía tan grave porque él negaba que hubiese habido tocamientos ni ningún tipo de contacto físico con el niño. Para F. la condena fue excesiva. Pese a esta falta de conciencia de problema y de responsabilidad, realizó una terapia psicológica para agresores sexuales en prisión que no le sirvió de nada. Cuando fue puesto en libertad quiso volver a entrenar, pero la reforma de la Ley del Deporte se lo impidió, al requerirse los antecedentes penales para poder trabajar con menores. Actualmente, él tiene pareja, pero continúa presentando interés sexual por menores. No confía en su capacidad para regular su impulso, continúa necesitando niños para su satisfacción sexual. Él vive con miedo ante esa posibilidad de no poder regularse. Sin dudarlo un segundo, afirma con rotundidad que, si alguien hiciera lo mismo que él hizo con alguno de sus sobrinos, le mataría.

F. sufre una parafilia, una disfunción sexual de carácter grave que aquellos que la padecen la arrastran de por vida. Pedofilia y pederastia son las dos caras de una misma moneda. Por un lado, el término pedofilia, que desde un punto de vista etimológico significa «amor a los niños», hace referencia al trastorno. Por el otro, la pederastia hace referencia a la acción delictiva definida por la legislación vigente que se ejecuta cuando el agresor materializa sus enfermizos deseos hacia las víctimas menores de edad. Uno de los problemas principales de F. es la falta de conciencia de problema: no es capaz de asumir su propia monstruosidad. La rehabilitación de los agresores sexuales es un gran interrogante. Si las circunstancias se vuelven a dar y el sujeto carece de conciencia de gravedad, es altamente probable que vuelvan a recaer. Según las estadísticas policiales, dos de cada diez agresores sexuales reinciden. Seguramente esta falta de responsabilidad con respecto a su trastorno les impide a algunos pederastas reestructurar y reprogramar sus creencias en relación con el deseo que sienten por las niñas y niños y aprender a regular sus impulsos. Como en cualquier tipo de problema, sin conciencia, poco se puede hacer por cambiar o rehabilitarse.

La pederastia es uno de los actos delictivos que más alarma y rechazo social generan. Ni existe un perfil de agresor sexual ni es frecuente que los pederastas sean agresivos. Suelen camuflarse en el entorno cercano de la familia, no puede haber mejor coartada ni método para ganarse la confianza de sus víctimas. A pesar de que también existen abusos sexuales cometidos fuera del seno familiar, los pederastas acostumbran a ser familiares, allegados, que nadie diría que pudieran llegar a ser un peligro para los más pequeños, más bien al contrario; saben perfectamente manipular a sus víctimas sin que nadie note nada. Y ahí es donde está el problema, en lo difícil que resulta detectar ese riesgo. No cabe en la cabeza de nadie, cómo alguien del que se espera un vínculo de afecto pueda llegar a agredir a un menor. Muy al contrario de lo que se piensa, no son individuos extraños, con aspecto repulsivo y comportamientos extraños. Son personas totalmente normales a ojos de los demás, con una vida convencional, con su trabajo, sus amigos e incluso parejas.

B. vino a consulta aquejada de un grave trastorno de ansiedad que le impedía hacer una vida normal. Había aprendido a convivir con ese malestar desde que era una niña. De hecho, lo tenía tan sumamente normalizado que le costaba identificar sus límites, se había acostumbrado a sufrir. Desde el marco teórico con el que trabajo con mis pacientes, se parte de la premisa de que los síntomas siempre tienen un sentido y un significado. La ansiedad de B nos estaba alertando de algo más profundo que necesitábamos dilucidar. En retrospectiva, con los episodios más importantes de su vida, encontramos un periodo en el que B. fue abusada en su propia casa durante dos años por el novio de su hermana sin que absolutamente nadie tuviera la mínima sospecha. Ella era una niña de tan solo 12 años. Él tenía más de 25. El pederasta se había enamorado de ella y maquinó un pretexto para estar cerca de su presa: salir con la hermana mayor de B. Aquel depredador perverso chantajeaba a B. después de cada abuso amenazándole con hacer daño a su familia si decía algo. Su verdugo le hizo creer que ella era la máxima responsable de mantener ese «secreto» para proteger a su familia, una de las estrategias de manipulación preferidas por los abusadores sexuales.

Según el último informe de Save the Children de octubre del 2023, el 96 % de los abusadores no tienen antecedentes penales relacionados con la violencia sexual. El estudio señala que la edad media a la que las víctimas sufren los primeros abusos son los 11 años, y que en el 80,3 % de los casos analizados la víctima es una niña o una adolescente. Según los últimos datos del Ministerio del Interior, en 2021 se presentaron más de 8000 denuncias por delitos contra la libertad sexual que tenían como víctimas a niñas, niños y adolescentes. Y estos datos son solo la punta del iceberg, se estima que las denuncias rondan el 15 % de los casos que existen realmente.

¿Qué es lo que puede llevar a una persona a desarrollar semejante trastorno? Las investigaciones sobre estas cuestiones apuntan a múltiples factores que podrían contribuir a construir un deseo sexual hacia los niños; no se puede establecer una única causa que puede hacer que una persona acabe desarrollando este tipo de comportamientos sexualmente alterados. La mayoría de las teorías hacen referencia a una combinación tanto de factores de tipo biológico como ambientales que pueden acabar influyendo en el desarrollo de esta desviación sexual.

En este sentido, la teoría del apego propone que las relaciones entre los seres humanos se forjan en la infancia. Según esta teoría, existen cuatro formas diferentes de relacionarse o tipos de apego: apego seguro, apego ansioso y ambivalente, apego evitativo y apego desorganizado. Tal y como se describe en las investigaciones sobre pedofilia, el estilo de apego más común en las personas que presentan esta desviación sexual es el apego evitativo y ansioso-ambivalente. Son estilos de apego caracterizados por la inseguridad y el sufrimiento que se ha podido desarrollar en la infancia respecto a los cuidadores. Las personas con este estilo de vínculos en la infancia presentan dificultades en sus relaciones adultas y suelen correlacionar con la pedofilia.

Siguiendo esta línea, también se ha relacionado la pedofilia con un estilo educativo, especialmente prohibitivo en la infancia o basado en el castigo. Existen evidencias de la necesidad de algunos pedófilos de dominar y controlar a sus víctimas con el objetivo de compensar sus sentimientos de impotencia durante la infancia. Aunque está demostradísimo científicamente que el castigo y los métodos punitivos no contribuyen al correcto desarrollo psicomadurativo de los menores, esto no significa que quienes hayan crecido en un entorno donde se haya dado el estilo punitivo vayan a desarrollar necesariamente una parafilia como la pedofilia.

Desde una perspectiva biológica, algunos autores afirman que las personas diagnosticadas con pedofilia han estado expuestas a mayores niveles de testosterona en el momento fetal, aunque no existen evidencias de que dicha hormona esté relacionada con la delincuencia social. Y otras investigaciones apuestan por la existencia de anomalías estructurales cerebrales, así como alteraciones en las zonas encargadas del comportamiento y en el control de impulsos, lo cual ha llevado a pensar que los pedófilos presenten mayor desinhibición y regulación anormal de la conducta sexual. Según estas investigaciones, el cerebro de los pedófilos podría tener un cableado diferente al de los que no lo son. Esto hace que, cuando ven a un niño, en lugar de activar el instinto de crianza se les activa el instinto sexual.

Por otro lado, el análisis de los factores ambientales en la pedofilia contempla una correlación entre haber sido víctima de abuso sexuales en la infancia y o consumir material de abuso sexual infantil, aunque este factor (haber sido víctima de abusos en la infancia) no sea determinante para desarrollar este trastorno.

La sexualidad de los seres humanos es el resultado de muchas variables: lo que le sucede en la vida a las personas, lo que aprenden a hacer con todo ello, su temperamento, la forma en la que han sido educados son variables que interaccionan entre sí y que van modelando la orientación, identidad, expresión y objeto de deseo sexual.

En marzo del 2023, el jurado popular que participó en el

juicio por el crimen de Álex, de nueve años, el 28 de octubre de 2021 consideró a Francisco Javier Almeida, el monstruo de Lardero, culpable de los delitos de agresión sexual y posterior asesinato en su domicilio. El acusado, en su último turno de palabra, aseguró ante el juez que se «arrepentía de verdad» y se excusó diciendo que no pudo controlar la fantasía.

«El sordo», tal y como le apodaban, abusó por tercera vez en su vida de un menor y acabó con su vida solo para satisfacerse. Cuando analizamos su biografía, detectamos un cúmulo de traumas que probablemente contribuyeron a construir una personalidad anómala y compleja. Almeida es el mayor de cuatro hermanos y mellizo de Juan Carlos. Su padre se suicidó hace veinte años y su madre falleció años más tarde. Nació sietemesino, *gangoso* y parcialmente sordo, lo cual no fue un impedimento para estudiar hasta cuarto curso de solfeo en el conservatorio. Pese a todas estas limitaciones físicas, su coeficiente intelectual estaba por encima de la media.

Almeida fue víctima de malos tratos en su infancia, por parte de su padre. También sufrió *bullying* por parte de sus compañeros, quienes se reían de él debido a su sordera y a su problema del habla. Creció en medio de un ambiente familiar cargado de violencia que forjó una personalidad fría y distante con respecto a las personas que no conocía. Sin embargo, cuando se sentía en un entorno de confianza, se mostraba amable, comunicativo y extrovertido. De niño disfrutaba viendo sufrir a los animales, estrangulaba pájaros y se los enseñaba a su hermana asegurando que estaban dormidos. Era capaz de mentir como nadie. Nunca tuvo relaciones sentimentales ni íntimas probablemente debido a las inseguridades que arrastraba con respecto a su físico.

Con 22 años engañó a una niña de 13 que vivía en su mismo bloque, diciéndole que su madre se había puesto enferma y que estaba en su piso. La niña se lo creyó y entró en la vivienda de «El sordo». Allí fue donde abusó de ella, aunque no llegó a agredirla físicamente. La niña perdió el conocimiento y cuando lo recuperó le dijo que se fuera a su casa. Lo condenaron a siete años de prisión. Era el típico preso modelo con un comportamiento impecable, trabajador cumplidor, educado y colaboraba con todo el mundo.

En 1998, una vez ya había cumplido pena de prisión, Almeida volvió a reincidir. Esta vez contactó con un agente de venta de pisos, María del Carmen López, de 26 años. Mientras la chica le enseñaba un dormitorio, Almeida, la agredió brutalmente y la violó, acabando con su vida. Fue condenado a treinta años de prisión, veinte por asesinato y diez por agresión sexual.

En aquel juicio el asesino explicó que tenía un instinto que era superior a él y no era capaz de controlarlo. Los médicos que le exploraron dijeron que ni estaba loco, ni oía voces, y que sabía muy bien lo que hacía, que era plenamente consciente de lo que hacía y que planeaba meticulosamente sus planes malignos.

A lo largo de mi carrera profesional como psicóloga forense he tenido que responder a esta pregunta en numerosas ocasiones ante los tribunales: ¿en el momento de cometer el delito esa persona sabía lo que hacía? Es lo que, jurídicamente hablando, se denomina imputabilidad, es decir, la responsabilidad penal derivada de un hecho delictivo vinculada a la capacidad que presenta una persona de comprender las consecuencias que traerá la realización voluntaria de un acto ilícito, y como tal debe ser responsable y responder por el hecho cometido.

Respecto a la imputabilidad de los pedófilos existe una gran controversia. Algunos profesionales consideran que la pedofilia es plenamente imputable. Se basan en que los pedófilos, en el momento de la comisión del delito, son plenamente conscientes de sus actos y muchos de ellos lo llegan a hacer de forma premeditada. Sin embargo, otros profesionales defienden que las capacidades volitivas (su voluntad) de estos sujetos están profundamente afectadas, al verse imposibilitados a la hora de inhibir sus conductas. Estos defensores de la inimputabilidad de los pedófilos explican cómo algunos de ellos no pueden controlar sus fantasías, generándoles un enorme malestar que les interfiere en sus vidas.

La doctrina jurídica actual coincide en la imputabilidad de los pederastas al tratarse de delitos premeditados donde el perpetrador planifica paso a paso para generar una relación de confianza con el menor y así poder tener un encuentro a solas. No se trata de un simple impulso irrefrenable. Se requiere tiempo desde el primer contacto con el menor hasta que se consuma el delito. Los pedófilos y pederastas son, por tanto, en su mayoría, plenamente imputables al ser conscientes de estar cometiendo un delito y no tener ninguna intención de frenarlo.

Otro de los delitos sexuales que lamentablemente está en auge es el de pornografía infantil. No se trata de un nuevo fenómeno delictivo, las imágenes relacionadas con este contenido sexual infantil empezaron a aparecer hace décadas. Lo que ha sucedido con la llegada de internet es que se han abierto nuevos caminos para que los delincuentes cibernéticos extiendan sus endemoniados tentáculos. Compartimos mundo tecnológico y virtual con pedófilos y pederastas que se esconden tras el anonimato que les proporciona la red. El hecho de que, hoy en día, el intercambio de información sea tan Accesible, Asequible y Anónimo, fenómeno denominado *triple A* por algunos autores, ha facilitado un espantoso incremento de las imágenes de abuso sexual contra menores. Internet se convierte, por tanto, para estas personas en uno de los principales proveedores de imágenes de abusos o agresiones sexuales a niños, que engordan sus fantasías parafílicas.

Según el Código Penal Español, se consideran pornografía infantil aquellos archivos que muestren imágenes de menores o personas con discapacidad, participando en conductas sexuales explícitas, como el contacto sexual genital, oral o anal entre niños o entre un adulto y un niño, el bestialismo, la masturbación y los abusos sádicos. También se admite la desnudez de los niños, pero únicamente si esta está focalizada en los órganos genitales y en contexto de ánimo lascivo. También se incluyen aquellas imágenes en las que los participantes puedan aparentar ser menores de edad, aunque no se haya podido acreditar. Por último, los montajes con imágenes infantiles y las generadas por ordenador, siempre que sean realistas, son punibles. Quedan al margen de la ley las imágenes que, aunque legalmente no son pornografía infantil, muestran a menores vestidos en poses de tipo erótico, o niños en ropa interior. Este tipo de archivos se relacionan con la explotación sexual infantil, puesto que se utiliza a los menores para crearlos.

Así como en el delito de abuso sexual o agresión sexual a menores, la gravedad de estos hechos no genera ningún tipo de duda, en el caso de la pornografía infantil, existen diferentes posturas. Por un lado, encontramos aquellas personas que expresan un total rechazo, y en el otro extremo, aquellos que minimizan la responsabilidad de quienes poseen o comparten imágenes de abuso sexual infantil por ser un delito que no implica contacto directo con la víctima. Distintos organismos internacionales han propuesto sustituir el término «pornografía infantil», que podría sugerir una cierta connotación de voluntariedad, por el de «imágenes de abuso sexual infantil». De esta forma se enfatiza que el consumo de este tipo de imágenes, a pesar de que no suponen contacto directo con un menor, conllevan situaciones de agresión y/o abuso sexual de menores reales en alguna parte del mundo, y que la demanda de este tipo de archivos favorece que continúen existiendo.

Si bien es cierto que no puede establecerse una relación causa efecto entre el consumo de pornografía infantil y la materialización de los abusos sexuales a menores, la literatura científica indica que existe una mayor probabilidad de que los consumidores muestren una mayor propensión a buscar el contacto sexual con personas menores de edad que otros delincuentes sexuales, ya que sienten excitación ante este tipo de imágenes.

La producción de la mayor parte de archivos de abuso sexual infantil que llegan a circular por internet proviene de Estados de Europa del Este, Sudeste Asiático, América Central y América del Sur, los mismos países con los que se relaciona la trata de personas con fines de explotación sexual. Aunque los archivos podrían proceder mayormente de estos lugares, los agresores que abusan sexualmente de niños provienen de países occidentales que acuden a estos países para practicar «turismo sexual». Otra fuente de producción de pornografía infantil cada vez más habitual es a través del *grooming*, que consiste en extorsionar a menores a través de internet para conseguir contenidos que se distribuirán en los círculos de los pedófilos.

Con respecto a los consumidores de pornografía infantil encontramos por un lado los de tipo «exclusivo», es decir, aquellos que presentan un perfil pedófilo y que únicamente se excitan con este tipo de imágenes, y por otro lado aquellos que buscan estímulos sexuales infrecuentes, sin llegar a tener una atracción sexual preferente por menores. Por más difícil de creer que parezca existen comunidades virtuales pedófilas donde sus integrantes hacen apología de la pedofilia además de intercambiarse material pornográfico infantil. Más sorprendente si cabe resulta el hecho de que la apología a la pedofilia no está tipificada por nuestro Código Penal Español como delito, por tanto, esos foros no son ilegales. A pesar de que no todos los pedófilos son pederastas (no todo aquel que se excita con imágenes de contenido sexual infantil llega a materializar una agresión sexual) el hecho de pertenecer a un grupo donde se apoyen este tipo de delitos sexuales puede funcionar como un facilitador para pasar a la acción. Los usuarios de estos foros sostienen que quieren a los niños y que esa es su forma de amarlos, igual que se puede querer a un adulto. Afirman que los niños no sufren, que disfrutan. Y que su orientación sexual es tan normal como cualquier otra.

Recientemente la Fiscalía alertó de un aumento exagerado de este delito de pornografía infantil en los últimos años, temiéndose que pudiera dispararse con la llegada de la inteligencia artificial. Este verano (2023) se denunció en Badajoz la presunta creación y posterior difusión con inteligencia artificial de falsos desnudos en niñas. Solo en el año 2022, el ministerio público pudo constatar los efectos perversos de la expansión tecnológica que estamos viviendo en las agresiones a menores y en la elaboración y difusión de material pornográfico infantil. La pornografía infantil se fabrica también con inteligencia artificial y se ha convertido en un negocio. En octubre la policía detuvo en Barcelona a un menor que fotografiaba a niñas y niños desde la ventana de su casa para eliminarles la ropa con aplicaciones de inteligencia artificial para que parecieran desnudos reales y así compartir ese material por internet con otros usuarios.

Este tipo de delitos son perseguidos por agentes de la Unidad de Delitos Telemáticos, que rastrean y analizan chats, fotos y videos con contenido pedófilo. Probablemente no todo el mundo es capaz de hacer frente a una labor que exige exponerse a atrocidades como las que tienen que perseguir. Cuando D entró en la unidad policial encargada de la investigación de estos delitos y le asignaron la revisión de todo el material no pudo mirar las escenas terroríficas y tapaba las fotos. Con el tiempo se fue inmunizando y poco a poco construyó un autoescudo de defensa para seguir la pista a todos los delincuentes. Esa es su prioridad, la de cazar a todos aquellos que someten a abusos a víctimas inocentes y lo distribuyen por internet. Para los investigadores, seguir el rastro de este tipo de delitos puede ser tan complicado como encontrar una aguja en un pajar. Internet está plagado de archivos de explotación sexual de menores. Las estadísticas revelan que tan solo un 1 % de las agresiones sexuales que se cometen contra niños y adolescentes llega a conocimiento de los investigadores.

Según el Instituto Nacional de Estadística, en el año 2022 se condenaron un total de 389 delitos por abuso y agresión sexual a menores de 16 años, de los cuales 389 fueron imputables a hombres y tan solo 4 a mujeres. Algunas investigaciones sugieren que estos delitos perpetrados por parte de mujeres podrían ser más frecuentes y comunes de lo que se piensa, pero que suele identificarse menos a las abusadoras sexuales debido a la facilidad para enmascarar los contactos sexuales mediante las tareas de cuidado como bañar, vestir o dormir con el hijo o la hija y a la dificultad de las víctimas a explicarlo debido a los estereotipos de masculinidad.

No debe confundirse la pedofilia con el diagnóstico de Trastorno obsesivo-compulsivo, T.O.C., de tipo pedófilo, que habitualmente nos encontramos en la práctica clínica. Este trastorno (T.O.C.) es diferente a la pedofilia, ya que las personas que lo padecen no sienten una atracción sexual hacia los menores, sino que tienen un pensamiento recurrente acompañado de un gran temor a llegar a cometer un abuso sexual o menor. Este miedo irracional a cometer un acto así les genera angustia, llegando incluso a evitar situaciones en las que puedan encontrarse a solas con menores o tener contacto con ellos y pueden dudar de su capacidad para relacionarse de forma normal con ellos. Este tipo de pensamientos suelen estar presentes en mujeres que han podido padecer en su historia algún tipo de trauma relacionado con la sexualidad y que, en el momento de ser madres, o cuando se aproximan emocionalmente al deseo de serlo, conectan con este miedo a realizar aquello que ellas han podido llegar a sufrir.

Tampoco deberían confundirse con la pedofilia aquellos casos de adolescentes que, debido a ciertas características de personalidad como la introversión, inseguridad y pocas habilidades comunicativas para relacionarse con iguales, buscan explorar su sexualidad con niños de menor edad. Fue el caso de M. de 15 años, denunciado por su tía al encontrarlo en el baño junto a la prima de este, de 4 años de edad. La menor refirió a su madre que M. le realizó tocamientos en la vulva, siendo la situación reconocida por el chico. M. explicó que fue únicamente un gesto de curiosidad y se mostró seriamente afectado y arrepentido por dicho episodio, por lo que acudió a psicoterapia con el objetivo de reflexionar y comprender lo sucedido y aprender nuevas estrategias saludables en su desarrollo afectivo-sexual.

Actualmente existe un debate científico que no se ha conseguido resolver en cuanto a la cuestión de la recuperación de la pederastia. Por un lado, encontramos un sector que opina que la pederastia no se cura, que es una inclinación sexual con la que se nace y no se puede cambiar. Sin embargo, el sector opuesto considera que la pederastia, además de curarse, se podría llegar a prevenir.

La rehabilitación de los pedófilos tiene como objetivo suprimir o reducir los impulsos sexuales inadecuados y aportarles herramientas para que el individuo llegue a ser lo más autónomo posible, mediante el desarrollo de habilidades sociales como la empatía que le permitan estar correctamente adaptado al entorno. El tratamiento de los pedófilos es complicado porque no siempre es posible reorientar el impulso sexual hacia personas adultas. El principal escollo que encontramos es la escasa motivación que presentan estos sujetos para ponerse en tratamiento.

Existen diferentes tipos de tratamientos, desde la psicoterapia individual o grupal pasando por programas de intervención en centros penitenciarios, hasta los tratamientos farmacológicos como el hormonal y el tratamiento con medicamentos psicoactivos. La elección del tratamiento adecuado depende de las circunstancias que han llevado a cada persona a delinquir.

La denominada castración química consiste en la administración de fármacos antiandrógenos que bloquean la síntesis de testosterona, reduciendo así el impulso sexual y las fantasías sexuales. Para que estos tratamientos sean efectivos es necesario que la persona quiera tomar estos fármacos, y está especialmente indicado en el caso de pedófilos reincidentes con una activación sexual elevada, cuando no hacen uso de la violencia y que no presentan conductas antisociales o hábitos adictivos.

Otra técnica habitualmente utilizada para rehabilitar a los pedófilos es el llamado recondicionamiento masturbatorio, que consiste en que la persona en tratamiento asocie la eyaculación masturbatoria a fantasías, imágenes o conductas sexuales adecuadas con personas adultas.

No hay entorno libre de los peligros de la pederastia. Es el caso de los abusos de menores producidos en el entorno eclesiástico. Ya en 1994, Juan Pablo II empezó a tomar las primeras medidas para dirigir las políticas de la Iglesia hacia la tolerancia cero hacia este tipo de delitos. Otorgó competencias al ordenamiento canónico para juzgar y tratar estos delitos y obligó a todos los miembros de la Iglesia a informar de todas las situaciones que tuvieran conocimiento en las que se estuviesen llevando a cabo estos comportamientos. En 2004 se iniciaron investigaciones en profundidad, «levantando alfombras» que continuaron durante el papado de Benedicto XVI, lo cual llevó a la dimisión de decenas de obispos.

En octubre del año 2021, tras conocerse las cifras del informe francés sobre la pederastia eclesial, el papa Francisco condenó la constante incapacidad de la Iglesia para gestionar las agresiones sexuales de curas pederastas, calificándolo como «el momento de la vergüenza». Además de haber pedido perdón a las víctimas en numerosas ocasiones, y haberse reunido con ellos en sus viajes a diferentes países para mostrarles su consternación, ha incorporado la pedofilia en el Derecho Canónico para acabar con el posible encubrimiento, lo que ha implicado un cambio radical en la forma en que la Iglesia ha tratado este tipo de delitos. Pocas instituciones se han tomado tan en serio la denuncia de sus miembros cuando han cometido abusos amparándose en la autoridad de su función.

Hasta ese momento en el que en la Iglesia católica se decretó tolerancia cero hacia los abusos sexuales, alrededor de unas 445.000 personas han sufrido abusos sexuales cuando eran niños y adolescentes por parte de algún miembro de la Iglesia católica. La mayor parte de testimonios que se recogen describen comportamientos abusivos como tocamientos, masturbaciones llegando incluso al sexo anal y oral sufridos cuando eran menores de edad por parte de religiosos. Los abusos se producían en ambientes donde los menores estaban indefensos, sin ningún adulto a su cuidado. Orfanatos, internados, seminarios u hospitales, los lugares del terror donde los victimarios accedían a los niños entablando relaciones abusivas con total impunidad. Los testigos afirman que otros clérigos sabían perfectamente que estos abusos se daban y que no hicieron absolutamente nada por evitarlo. ¿Cómo pudo ser posible que ante los gritos y ruidos que hacían los estudiantes aporreando la puerta del despacho del director nadie hiciera nada al respecto? La indiferencia de los espectadores o la negación de los hechos son demasiado frecuente en los delitos sexuales en entornos cerrados.

Los abusos de menores han dejado numerosas víctimas que hacen necesario reflexionar sobre sus causas. Aunque entender esta realidad no significa justificarla, no se puede abordar un problema sin intentar ser capaces de comprenderlo o explicarlo. Algunas investigaciones han estudiado la correlación entre pederastia y celibato, llegando a la conclusión de que más allá de estas dos opciones lo importante parece estar en la libertad con la que las personas viven su sexualidad. Otra cuestión importante radica en que la religión católica nunca ha tenido una buena relación con el sexo, especialmente con el sexo como fuente de placer. Parece que podría relacionarse con los abusos cometidos en la Iglesia, por la disociación entre la cultura de libertad sexual existente en la sociedad actual, en contraposición con la rigurosa moralidad sexual de la Iglesia, imponiendo a sus fieles exigencias insostenibles, que les hacen sentir culpables y que les obligan a mentir y engañarlos.

Quedan muchísimas cuestiones por abordar sobre los abusos sexuales del clero. Ahora lo más importante y urgente es reparar hasta donde se pueda el daño causado a todos niños y menores, ahora convertidos en adultos olvidados por la Iglesia, sin que nadie les haya atendido, comprendido, preguntado por sus secuelas y por las consecuencias que los abusos han causado en sus vidas. Escuchar los testimonios de las víctimas es acercarnos a su soledad a la hora de denunciar, es comprender el vía crucis por el que han tenido que atravesar, es intentar visibilizar lo que un día se silenció para atender todo ese sufrimiento iniciándose así una posible vía a la reparación.

A modo de conclusión sobre un tema tan delicado es necesario destacar la alarma social que siempre ha mantenido la población sobre los delitos de índole sexual. Nada hay más doloroso que presenciar el sufrimiento de un menor, no hay argumentos que puedan justificar la violencia sexual ejercida sobre alguien indefenso. Lamentablemente, nuestra capacidad para contener dichos delitos fracasa una y otra vez a lo largo de los años. La pederastia amplifica sus tentáculos por la red, busca nuevos caminos al tiempo que los pederastas mantienen su particular creencia sobre la capacidad del menor para consentir. El agresor de menores presenta una clara disonancia cognitiva entendida como una patológica justificación de su conducta al aceptar el consentimiento del menor como algo posible. La legislación puede ir endureciendo las penas, persiguiendo el delito pero este permanece, se oculta y moviliza una ingente cantidad de dinero y poder. Se intenta legislar de forma contundente como se ha dado con la reciente Ley Orgánica 8/2021, de 4 de junio, de protección integral a la infancia y a la adolescencia frente a la violencia (popularmente denominada «Ley Rhodes»), que dota a la víctima de una «ventaja jurídica» con el ánimo de protegerla. La realidad es que, año tras año, los índices de siniestralidad relacionada con la violencia sexual se incrementan o se mantienen. La estadística refleja una reiterada estabilidad del número de mujeres fallecidas a manos de sus compañeros sentimentales y no en pocos casos acompañados del asesinato de sus propios hijos y de su propia vida.

La ciencia intenta repetidamente buscar indicios, signos, síntomas o causas de una desviación tan implacable hacia el respeto a la vida, aunque por el momento solo puede afirmar que no existe una explicación única y unívoca que permita explicar por qué un sujeto sucumbe a la satisfacción de sus impulsos anteponiendo esto a la necesidad del otro. La sexualidad debe ser entendida como un impulso irrenunciable porque nada hay en ella de anormal, como lo es dormir, o comer. Forma parte de aquellos estímulos incondicionados que orientan al individuo hacia la supervivencia y la realización personal. Cuando esta sexualidad encuentra caminos para ser satisfecha que representan un verdadero peligro para otras personas o para la sociedad, solo existen tres posibilidades: reorientarla, reprimirla o sucumbir. Los continuos escándalos relacionados con el ámbito eclesiástico parecen indicar que la represión voluntaria o incluso institucional tiene escaso éxito de contención. Sucumbir a un deseo desviado puede satisfacer el impulso personal, pero causa un daño irreparable a otras personas que se ven involucradas en actividades que no eligen libremente y por lo tanto deben ser contenidos desde los mecanismos de represión o la privación de libertad, pero cuando esto ocurre, el delito ya se ha cometido y la víctima ha sido ultrajada. La sociedad no tiene otra salida que esforzarse para entender desde un enfoque científico al victimario, ya que en él se encuentra el peligro y por lo tanto la prevención.

2. Abusos sexuales intrafamiliares

Generalmente, la familia representa uno de los valores más importantes para las personas. Es el ámbito que proporciona mayor fuente de bienestar y felicidad, donde nacemos, crecemos y se tejen las bases de quienes somos. O al menos, así debería ser.

Desde una perspectiva criminológica, se sostiene que una familia fuerte y estable, donde los miembros proporcionan seguridad, reduce las probabilidades de aparición del delito, mientras que una familia inestable contribuye a que aparezca en mayor medida. Desgraciadamente, también dentro de los propios núcleos familiares se dan fenómenos delictivos. Muchos de estos fenómenos se relacionan con disfunciones importantes de los miembros que la integran, a desajustes en la propia estructura o en sus dinámicas. Estas alteraciones en el seno de la familia causan una mayor vulnerabilidad en los individuos que pertenecen a estos núcleos y tendrán mayor riesgo de desarrollar síntomas más severos.

La violencia doméstica engloba todos aquellos fenómenos de violencia tanto en el entorno de pareja como entre generaciones (padres a hijos e hijos a padres), extendiéndose a otras relaciones de parentesco. Y del mismo modo que en el resto de los ámbitos existen diferentes tipos de violencias: emocional, física, sexual o de cualquier otra índole, los núcleos familiares no son una excepción, siendo susceptibles de padecerlas.

La violencia sexual en la familia es un hecho incontestable a la luz de los casos que afloran de forma persistente a lo largo de los años y puede abarcar diferentes prácticas como exigir o imponer relaciones sexuales, obligar a la víctima a prácticas que no desea, abuso y agresión sexual a menores o cualquier comportamiento en los que una persona es utilizada por parte de un familiar para obtener estimulación o gratificación sexual.

El único escenario en el que los conceptos «familia y sexo» deberían confluir es el de la pareja que practica libremente sexo para su disfrute, para la expresión de su afecto, con el objetivo de procrear o simplemente porque les apetece. El concepto sexo solo podemos relacionarlo en un entorno de familia como es el conyugal o de pareja, y debería estar exento de cualquier connotación violenta o abusiva. De hecho, y aunque el sexo no es imprescindible y algunas parejas renuncian libremente, una vida sexual satisfactoria contribuye a la estabilidad de la relación y por tanto a la del núcleo familiar. El sexo tiene una función importante en la relación de pareja, pilar en el que se fundamenta la familia.

Sin embargo, hay escenarios terribles donde sexo y familia confluyen, dando pie a relaciones incestuosas, delincuencia sexual parental, relaciones abusivas de abuelos hacia sus nietas o nietos, agresiones de parejas del padre o de la madre hacia sus hijas e hijos, agresiones sexuales intramaritales, situaciones que se convierten en un tabú universal pero que lamentablemente existen. El abuso sexual flagrante en el entorno familiar representa el 73 % de los casos. Así, el 35 % de los casos referidos han sido perpetrados por tíos; el 33 % por padres, padrastros o abuelos; el 27 % por hermanos, cuñados o primos; y el 5 % por amigos de la familia, vecinos o la propia pareja de la víctima.

Un tema que no debe confundirse con los abusos intrafamiliares es el de aquellas relaciones «de sangre» o consanguíneas, es decir, aquellas parejas que comparten algún pariente común cercano, como sería el caso de dos primos hermanos que se enamoran y que deciden mantener un vínculo de pareja estable. En Europa representa entre el 1 y el 3 % de las parejas, y a nivel mundial se estima que podrían suponer hasta un 10 %. Las primeras exploraciones sexuales pueden darse por cercanía entre primos. Se trata de primeros escarceos amorosos totalmente inocentes y normales que sacian la sana curiosidad sexual de niñas y niños y que suelen darse en el círculo más cercano, como podría ser el familiar. A medida que estos niños y niñas crecen pueden llegar a enamorarse y plantearse una relación de pareja. En este caso no estaríamos ante un abuso intrafamiliar, sino ante los caprichos del amor y la decisión libre de dos personas con capacidad para decidir con madurez sobre la conveniencia de ese vínculo. De la misma manera que el amor no entiende de género, de procedencia, de edad... tampoco entendería en estos casos de parentesco.

A diferencia de los vínculos afectivos en los que existe consanguineidad, los abusos sexuales intrafamiliares victimizan a los miembros que carecen de esta libertad o madurez para decidir sobre la relación. Una relación sexual abusiva daña la libertad sexual de la persona. Lamentablemente, los abusos sexuales sufridos por parte de familiares son mucho más frecuentes de lo que se cree. En la mayoría de los casos, los abusos empiezan a los 7 años, y se incrementa la probabilidad de que sucedan cuando las niñas, que son las principales víctimas, entran en la pubertad.

En los relatos de las víctimas suelen aparecer elementos comunes, como, por ejemplo, sufrir tocamientos en su cuerpo con la excusa de bailar, realizar juegos infantiles y la presión de «guardar ese secreto». Es esencial que enseñemos a nuestras hijas e hijos a detectar qué es correcto y qué cosas no lo son en su relación con los demás para que sepan identificar actitudes inadecuadas y puedan denunciarlas. Precisamente el principal problema de los abusos intrafamiliares radica en la cercanía, las muestras de afecto y la importancia del contacto físico entre familiares, que camuflan intenciones perversas y que acaban confundiendo profundamente a las víctimas. Es una violencia que se ejerce abusando de la confianza, intimidad y privacidad que existe entre agresor y víctima.

Recuerdo el caso de una paciente, J., que denunció a su primo por los abusos sexuales sufridos por parte de este durante años. En la sala de exploración, explicaba entre sollozos y con un enorme sentimiento de culpa, los juegos que practicaba con su primo. Todo empezó con siete años. Él tenía 18 y le hacía de canguro cuando sus padres no estaban en el domicilio. Él se colocaba una golosina en sus propios genitales y le incitaba a que ella la cogiera con su boca. Con siete años ella no era consciente de lo que eso implicaba, y accedía a juegos que incluso le parecían divertidos desde su vivencia inocente como niña que los sufría. Una vez comprendió el contexto abusivo que rodeaba las prácticas sexuales con su primo, empezó a desarrollar un intenso sentimiento de culpabilidad y vergüenza por no «haber sido capaz» de frenar esa situación. Conforme iba creciendo, los abusos fueron a más y llegó un momento en el que su primo, mayor de edad, la llegó a forzar sexualmente. Pasaron años hasta que J. pudo dar el paso de interponer la denuncia.

Es muy frecuente que las víctimas no quieran enfrentarse al proceso judicial por la carga emocional y el sentimiento de culpa que arrastran. Muchas víctimas se sienten responsables de lo que les ha pasado. Además, la existencia de amenazas y agresiones físicas complican que la persona afectada pueda pedir ayuda y salir de esa situación por el terror que le produciría que el agresor pudiera cumplir sus advertencias. Cuando J. tuvo su primera pareja sintió un bloqueo enorme y rechazo al sexo. Fue ese el motivo que le llevó a consultar a una sexóloga, que pudo ayudarle a ordenar sus vivencias y a entender que su relación patológica con el sexo tenía su origen en los abusos recibidos por parte de su primo.

A lo largo de mi carrera profesional he escuchado cientos de testimonios como el de J. Una nunca se acostumbra a escuchar las revelaciones de esa dura realidad. Si los abusos por parte de familiares como primos nos ponen los vellos de punta, las relaciones incestuosas, principalmente, entre padres e hijas, nos aterrorizan y causan repulsión. Los abusos sexuales de padres a hijas o hijos presentan un mayor potencial traumatizante. Resulta imposible comprender cómo un padre pueda ver a su hija o hijo como un objeto sexual. Algunos de estos familiares trastornados pueden llegar a creer que el cuerpo de sus hijas e hijos les pertenece y que tienen derecho a hacer con ellos lo que les plazca. Suelen tener unas creencias enfermizas sobre las relaciones parentofiliales que les permiten justificar sus comportamientos abusivos. Muestran pleno convencimiento de que no les hacen daño, son simples muestras de «amor».

Este tema fue abordado por Freud en el siglo XIX, quien formuló la teoría de la seducción, de la que después tuvo que retractarse, a partir de las historias que escuchaba por parte de sus pacientes en consulta. Algunos autores sostienen que algunas de las ideas centrales de la «teoría» de Freud, como la teoría del complejo de Edipo, han cumplido un rol perjudicial, sirviendo para encubrir y cronificar la desigualdad de género y el abuso sexual intrafamiliar. Freud formuló su teoría de la sexualidad infantil, que sostenía que los niños y las niñas tenían fantasías sexuales incestuosas dirigidas hacia sus padres, ignorando intencionalmente, Freud, la evidencia de que sus pacientes «histéricas» habían sido víctimas de abuso sexual.

Existen casos de profesionales, de la psicología infantojuvenil, que, basándose en la teoría de Edipo, descartaron la existencia de abusos sexuales que posteriormente pudo demostrarse que eran ciertos. Estos psicoanalistas descartaron señales evidentes de abusos como las manifestaciones de una niña de 4 años que le decía a su madre «me da asco chupar el pito», argumentando que dicho comentario no se debía a otra cosa más que una frase «típica» de las niñas que estaban atravesando el Complejo de Edipo y que solían fantasear con distintas teorías sexuales. De un modo opuesto, se han dado casos de otros profesionales de otras orientaciones distintas al psicoanálisis, que denunciaron supuestos abusos sexuales por parte de los progenitores que nunca existieron. Fue el caso de unos padres que acudieron a mi consulta para revisar su situación familiar y, en concreto, la relación entre el padre y la hija. La logopeda que llevaba a su hija por problemas de discalculia, una dificultad para comprender los conceptos matemáticos, se alertó ante las manifestaciones de la menor, de ocho años, que le explicó que su padre le había colocado su ropa interior entre sus nalgas, como si fuera un *tanga*. La profesional denunció dicha situación a Servicios Sociales, quienes abrieron un expediente a esta familia para investigar este hecho. Un año duró el calvario de esta familia, sobreviviendo emocionalmente ante la posibilidad de peligrar la custodia de su hija, por una denuncia sin fundamento correcto, como se pudo demostrar después.

No es infrecuente que en la práctica pericial nos lleguen casos de padres denunciados por delitos sexuales a sus hijos que no siempre se explican desde la desviación sexual. La falta de educación afectivo sexual imperante en nuestra sociedad es un factor determinante que explica que algunos padres realicen prácticas inadecuadas a sus hijos, pero que se alejan de lo que propiamente sería una conducta abusiva o con una intencionalidad sexual. La costumbre de dar un toque en las nalgas como «gesto cariñoso» o de pellizcar las partes íntimas puede considerarse normal en algunas familias, incluso formar parte de esa cultura familiar. Esto no significa que sea adecuado, al contrario, resulta muy perjudicial para el correcto desarrollo de los niños, ya que se les transmite un mensaje no verbal insano como es que cualquiera puede tocar tu cuerpo y que está bien permitirlo, como si se tratase de un gesto cariñoso. Pero estos casos no se considerarían delito.

Es evidente que el incesto no es una práctica poco adecuada, sino una acción delictiva. Hace referencia al contacto sexual entre dos personas que están emparentadas, mientras que en la pedofilia o en el abuso de menores se haría referencia a personas que no comparten relación de parentesco. Son situaciones tan difíciles de detectar que podrían permanecer invisibilizadas en el seno familiar años e incluso toda la vida.

Parece existir la percepción o falsa creencia en la población de que los abusos son fáciles de detectar y la creencia de que, si la madre se enterase de la existencia de esos abusos o agresiones, lo denunciaría, pero no es así en todos los casos. Algunas relaciones incestuosas se dan en contexto de conflicto entre los progenitores, asumiendo la hija un rol de sustituta sexual de la madre. En muchas ocasiones en las que se dan estos abusos y agresiones sexuales de padres a hijas, la relación comienza antes de que la niña comprendiera lo que estaba pasando y en qué consistía el acto sexual, y para cuando supo que lo que ocurría no era algo normal, a la niña le fue muy difícil escapar de esa situación dada.

Una de las relaciones incestuosas que ha tenido mayor impacto mediático fue la de «El Monstruo de Amstetten». Josef Fritzl mantuvo a su hija encerrada durante 24 años en un sótano que él mismo construyó en su propia casa y tuvo 7 hijos con ella. La secuestró una mañana empapando un trapo con éter que dejó inconsciente a Elisabeth, y así pudo encerrarla en su prisión subterránea. Fritzl hizo creer a todo el mundo que Elisabeth había decidido irse voluntariamente. Obligaba a la chica a escribirle cartas a su madre justificando su ausencia y pidiendo que no la buscasen. Como la chica había cumplido 18 años ni siquiera la policía siguió su rastro. El caso se descubrió en 2008 por una de las hijas-nieta de la relación incestuosa, que tuvo que acudir de urgencia al hospital donde finalmente salieron a relucir los macabros hechos. Josef abusaba sexualmente de su hija desde que ella tenía 11 años y justificó su cautiverio por su deseo de protegerla de las drogas.

Nadie pudo explicarse cómo Fritzl podía haber mantenido a su hija escondida durante tantos años sin que Rosemarie, su esposa, no supiera nada o mantuviera algún tipo de relación con los hechos. Pero lo cierto es que ella fue exculpada al no encontrarse ninguna prueba que la vinculase con los delitos cometidos por su marido. ¿Cómo pudo ser posible que durante veinticuatro años nadie pudiera llegar ni tan solo a sospechar lo que ocurría en esa casa? ¿Qué monstruo podía hacer algo así? Fritzl explicó que el impulso de tener sexo con su hija Elizabeth era tan fuerte que no podía controlarlo, a pesar de ser consciente del daño que le hacía, pero su deseo era demasiado fuerte, como si se tratase de una adicción.

Los informes psiquiátricos elaborados para el juicio describen una biografía tenebrosa, plagada de situaciones de maltrato y abusos físicos por parte de su madre. Fritzl fue construyendo las bases de una personalidad fría y violenta como consecuencia de la relación tormentosa de amor y odio que mantenía con su madre. Los análisis psicológicos y psiquiátricos a los que se sometió demostraron que no padecía trastorno mental, por lo que se le condenó a cadena perpetua.

El Monstruo de Amstetten ahora tiene 88 años. Ha solicitado al Tribunal de Austria que lo trasladen del centro especial para enfermos mentales donde está en prisión convencional, para luego pasar el resto de sus días en un centro residencial para ancianos. El código penal austríaco prevé la posibilidad de solicitar una puesta en libertad tras pasar al menos 15 años en prisión. El informe forense de la psiquiatra que valoró el riesgo de peligrosidad de Fritzl ha determinado un bajo riesgo para la sociedad, además parece sufrir demencia senil y limitaciones físicas. Todavía no se conoce qué sentencia dictaminarán los tribunales, si se le concederá la excarcelación o no.

Los exámenes psiquiátricos de Fritzl lo describen como un «pobre anciano» con demencia senil y problemas físicos, sin «supuesto» riesgo para la sociedad. Los falsos mitos que rodean la sexualidad de nuestros mayores pueden inducirnos a pensar falsamente que las personas de edad avanzada no presentan impulsos sexuales, ni necesidad o interés afectivo sexual. Nada más lejos de la realidad. Las personas somos seres sexuales desde que nacemos hasta que morimos. Nuestra sexualidad, necesidad de intimidad y conexión, más que desaparecer con el paso de los años lo que hacen es transformarse. El cuerpo y la mente se deterioran progresivamente y las expresiones sexo afectivas se deberían poder adaptar a cada momento vital. Algunas enfermedades, tratamientos farmacológicos, discapacidades y cirugías pueden afectar en la sexualidad de las personas mayores, como se da en el caso de las demencias. Algunas personas mayores con diagnóstico de demencia pueden mostrar más interés en el contacto sexual o físico, pero no conservan la capacidad para discernir entre un comportamiento sexual apropiado del inapropiado. Se dan situaciones en las que, en aquellos casos más severos, la persona enajenada no reconoce a su cónyuge, pero aún y así conserva el deseo sexual buscándolo con cualquier persona. Muchos familiares se muestran confusos y no saben cómo manejar esa situación, incluso podrían llegar a pensar que se trata de una conducta abusiva.

Fue el caso de X., de 77 años, acusado de realizar tocamientos a su nieta de 6. La abuela observó como X. sentaba a su nieta en su regazo y se realizaba tocamientos a él mismo mientras la niña miraba los dibujos que el abuelo le ponía en su ordenador. La familia, escandalizada, denunció la situación y X. fue sometido a una valoración pericial que determinó la existencia de un proceso de demencia con una hipersexualidad que representaba uno de los numerosos síntomas que padecía X. Fue considerado inimputable y puesto en tratamiento.

Contrariamente a las conclusiones alcanzadas en el caso de X., en el que no existía un abuso sexual sino un comportamiento sexual alterado como consecuencia de una demencia, los abusos de los abuelos a las nietas son frecuentes en la práctica diaria de los juzgados. Otro de los falsos mitos de los abusos se basa en que, un hombre de cierta edad no podría ser peligroso por las posibles dificultades para mantener una erección, pero la respuesta eréctil no es necesaria para que pueda cometer una agresión de este tipo.

La prensa nacional de nuestro país recoge cientos de casos de personas que abusan sexualmente de sus nietas o nietos. La Audiencia Provincial de Barcelona condenó a un hombre septuagenario a 32 años de prisión por abusar, de forma constante y reiterada durante siete años, de sus tres nietas menores de edad. Los abusos empezaron cuando la madre y el padre de las niñas se separaron y se trasladaron a casa de los abuelos paternos. El abusador aprovechaba los periodos en los que la abuela se ausentaba del domicilio o bien estaba durmiendo para realizarle tocamientos a sus nietas; la menor tendría cinco años cuando comenzó todo. Les proponía jugar a «marido y mujer», les mostraba pornografía y maquinaba engaños para tener acceso carnal a las niñas. Según declararon las menores, los abusos fueron intensificándose, en la frecuencia y en la crueldad de las propuestas, llegando incluso a la violación. Cuando una de las nietas empezó a negarse, el abuelo las presionaba, ofreciéndoles dinero a cambio de que ellas le tocasen o que se dejasen tocar. El condenado, pese a reconocer algunos de los tocamientos, se mostró disconforme con la sentencia y recurrió al Supremo, que desestimó sus argumentos.

Otro tema silenciado pero muy frecuente es el de las presiones sexuales dentro de la pareja, pudiendo llegar a desembocar en agresiones sexuales por parte de los cónyuges. Aunque nuestro Código Penal español no contempla en sí mismo el término «violación conyugal», la Ley contra la Violencia de

Género sí incluye los atentados contra la libertad sexual, considerándose un agravante aquellas agresiones que se producen en un marco de relaciones de parentesco. La violación consiste en el intento, de cualquier tipo, orientado a sostener una relación sexual sin consentimiento alguno. En una encuesta del Centro de Investigaciones Sociológicas (CIS) publicada en el 2023, 1 de cada 5 entrevistados no vio motivos para castigar legalmente por obligar a la pareja a mantener relaciones sexuales no deseadas. Estos datos son alarmantes teniendo en cuenta que en nuestro país el débito conyugal no existe, aunque hasta los años 80 era legal en España, y probablemente esta creencia permanezca en el inconsciente colectivo, tal y como se refleja en la encuesta del CIS. Además, existen falsos mitos o estereotipos sobre el concepto de violación en el que se relaciona la agresión sexual real a aquella cometida por parte de un desconocido o extraño a una persona joven. Estos estereotipos contribuyen a minimizar este fenómeno de la agresión sexual en el contexto de pareja, minimizando e incluso invisibilizando este delito. El abuso sexual en las relaciones de pareja se inicia con acciones muy sutiles que van intensificándose. El problema radica en que este tipo de delitos se gestan en el ámbito privado de las personas, donde entran en juego muchos elementos como ideas erróneas sobre el amor, creencias machistas e inseguridades en la pareja. En este sentido, en el año 2019, el Tribunal Supremo dictó una sentencia en la que desestimó el recurso que interpuso el autor de un delito de agresión sexual, también condenado por un delito de maltrato, y por la que se le impuso la pena de nueve años de prisión por violación y nueve meses por maltrato. El hombre agredió físicamente a su pareja, violándola anal y vaginalmente y justificando la violación por la negativa de su pareja a mantener relaciones sexuales. El hombre condenado reprochaba a su pareja que era su obligación y se sentía legitimado a despreciarla y humillarla, al considerar que era deber de la mujer acceder a sus deseos sexuales. Los magistrados concluyeron que la conducta violenta del hombre ejercida hacia su pareja forzando a la víctima determinaba un delito de agresión sexual. El agresor pretendió alegar que el matrimonio conllevaba el derecho de los cónyuges a practicar sexo cuando uno de ellos quiera, aunque el otro no lo desee, planteamiento rechazado por los legisladores.

Aunque nos parezca una auténtica barbaridad, el discurso de que hay que cumplir sexualmente con la pareja, o como decían algunas mujeres nacidas antes de la guerra civil, «cumplir con las obligaciones del matrimonio», permanece en el sistema de creencias de muchas personas, con independencia del género y de la orientación sexual. R. tiene 50 años y necesitó un largo proceso de terapia para superar las secuelas psicológicas como consecuencia de las agresiones sufridas por parte de su exmarido. Todo comenzó la noche de bodas. Fue la primera vez que su marido la violó, ella ya era su mujer y él tenía derecho a poseerla. Ella pensaba que tenía que ser así, se sometía a sus deseos cada vez que él quería, y aprendió a desconectar de su cuerpo y de sus emociones para satisfacer a su esposo. Pero llegó un día que R. empezó a experimentar un trastorno sexual por dolor denominado dispareunia, su musculatura pélvica se contraía involuntariamente y hacía que el coito fuera muy doloroso. A veces el cuerpo comunica lo que la persona no es capaz. Ella le pidió que parase, y él la ignoró. Recuerda ese momento con total claridad, era la primera vez que conectó con la indiferencia que su marido sentía hacia ella y su dolor. Eso le impactó profundamente. Ella se había sometido sexualmente durante dieciséis años a su hombre «en nombre del amor», pero él no le correspondía de la misma manera, priorizaba su impulso sexual a pesar de ser consciente del sufrimiento de ella. Desde aquel momento, algo cambió en R. Ella comenzó a rebelarse ante ese sometimiento y las agresiones se intensificaron. Él no aceptaba la nueva dinámica donde debía respetar los límites de R. La negativa de R. a mantener relaciones sexuales le condujo a una actitud más violenta con ella, debido a la herida narcisista que le generaba que su «hembra» no estuviera siempre disponible para él. R. un día dijo «basta» e interpuso una denuncia. Ya han pasado dos años desde que condenaron a su marido a 16 años de prisión y todavía seguimos trabajando la superación de las secuelas postraumáticas de la relación.

La violencia sexual en pareja presenta múltiples formas de expresión. Los seres humanos tenemos una tendencia innata a la agresividad, es un impulso natural y con función adaptativa, pero es un instinto que hemos aprendido a gestionar e inhibir por el bien propio y de la convivencia. Existen personas que ejercen deliberadamente la violencia sexual contra sus parejas, por creencias machistas fuertemente interiorizadas y otras que, además, presentan una agresividad hipertrofiada, un instinto irrefrenable hacia la agresión debido a anomalías estructurales, defectos neurológicos que confluyen con otras patologías mentales dando lugar a escenarios violentos dantescos.

El mes pasado fue detenido un hombre de 50 años como presunto autor de varios delitos de agresiones sexuales y físicas a su pareja sentimental, de 36 años. La chica había sido retenida en contra de su voluntad por su pareja durante horas en un zulo de su casa en Madrid, atada de pies y manos con bridas. Consiguió escapar cortando las ataduras de sus extremidades con un cúter que encontró entre los escombros del insalubre habitáculo donde permanecía secuestrada y acudió a una gasolinera cercana donde la socorrieron y acompañaron a la comisaría más cercana. Desde el hospital donde fue ingresada debido a las heridas, se informó de que la mujer habría sufrido un aborto días antes como consecuencia de los golpes y palizas recibidos. Además, la mujer declaró que había sufrido varias agresiones sexuales por parte de su pareja. El agresor empleaba un alto grado de violencia y contaba con otros antecedentes por tráfico de drogas, delitos contra la seguridad vial, agresión sexual, lesiones, malos tratos físicos y psicológicos dentro del ámbito de la violencia de género.

Sin duda, el seno familiar es uno de los escenarios en donde los conflictos entre sus miembros pueden crear un mayor potencial sufrimiento. Históricamente, la violencia intrafamiliar se ha escondido y ha sido considerada como un secreto familiar, reducida al ámbito privado de cada estirpe. A pesar de que actualmente existe una mayor sensibilización social ante las agresiones domésticas, todavía queda mucho trabajo por hacer, sobre todo en lo que respecta a las agresiones sexuales intrafamiliares. Aunque se ha progresado mucho respecto a la identificación de la violencia y la sabemos reconocer mejor, los delitos sexuales en el ámbito familiar son generadores de una gran victimización, resulta muy confuso para las víctimas identificar determinados comportamientos abusivos cuando se han dado desde hace años y quien los genera es un primo, un hermano, un tío, un abuelo o un padre. Desgraciadamente los delitos sexuales son una realidad silenciada, se estima que tan solo se denuncian un 15 % de los casos, teniendo en cuenta que en el 80 % de las agresiones sexuales el autor es una persona que pertenece al ámbito familiar del menor. La victimización secundaria derivada del proceso judicial agrava las secuelas y crea una enorme desconfianza en el sistema judicial. Las víctimas llegan a tener que declarar hasta tres veces antes del juicio, en la policía, ante la Fiscalía y en el juzgado. En pocos casos, solo el 24,9 %, se utiliza la prueba preconstituida, la grabación del testimonio del menor para evitar que deba declarar reiteradas veces y proteger así a la víctima y al proceso de investigación. Las víctimas llegan a tener que declarar hasta tres veces antes del juicio, en la policía, ante la Fiscalía y en el juzgado. La declaración de la víctima se convierte en la prueba central en materia de abuso sexual infantil. Por este motivo resulta imprescindible poder contar con los recursos necesarios para recoger dicha declaración con la menor contaminación posible y los recursos adecuados, y poder usarla en el juicio. Nadie debería verse sometido al calvario que supone revivir una y otra vez vivencias tan traumáticas como las del abuso sexual. En España, contamos con un modelo de atención integral a la infancia, Barnahús, donde las instituciones que intervienen en aquellos casos de abuso sexual infantil se coordinan y trabajan conjuntamente para evitar la victimización secundaria. No obstante, queda mucho camino por lograr un sistema judicial que esté a la altura de las niñas y niños.

Por último, podemos decir que se ha hecho mucho trabajo al respecto de la visibilización de la violencia sexual contra las mujeres. Nadie pone en duda que la violencia sexual es un delito que debe ser penado y que tiene que ser castigado. Pero la violencia sexual tiene muchas formas. La gran mayoría de agresiones sexuales a mujeres no se producen en callejones oscuros, no generan la misma alarma social que determinadas noticias como la del hombre acusado de violar y secuestrar a su pareja en un zulo en su propia casa. Muchas de las agresiones sexuales se producen en el ámbito de la pareja y están plenamente normalizadas. Los estereotipos de género influyen en este tipo de violencia, ya que contribuyen a construir un sistema erróneo de creencias que acaban justificando muchas de las microagresiones que ejercen las propias parejas amparándose en unas supuestas obligaciones conyugales, que supuestamente ya deberíamos haber dejado atrás hace décadas. En cualquier caso, necesitamos una educación sexual efectiva desde la infancia que aporte a las personas la libertad para poder decidir libremente sobre su sexualidad, para poder diferenciar qué comportamientos y dinámicas son sanas de las que no lo son, para que podamos vivir en entornos seguros.

3. La mujer como objeto gestante

Muy recientemente saltó la noticia a los medios de comunicación. Una niña de tan solo 12 años había sido, primero, secuestrada y, luego, encadenada durante 6 meses en un corral de ganado. El autor fue un hombre de 29 años que luego la obligó a casarse con él. La familia de la menor denunció la situación, pero, tras interrogarle, el hombre fue puesto en libertad con el argumento de que la niña se había casado con él voluntariamente y, ante la falta de evidencias de que esto no hubiera sucedido así, no se hizo nada para deshacer el casamiento. Además, los familiares del marido presentaron a la causa un presunto informe médico que afirmaba que la menor tenía 16 años. Este caso fue examinado por el gobierno en una investigación sobre las conversiones forzadas de mujeres y niñas de minorías religiosas. Esto sucedió en la ciudad pakistaní de Faisalabad. Zarvia es el nombre de la niña. Es el enésimo caso de las niñas cristianas víctimas de secuestro, conversión forzada al islam y matrimonio precoz en Pakistán.

El matrimonio infantil concertado aún es legal en 91 países. La India es el país con el mayor número de esposas niñas. Más de 24,5 millones se casa antes de haber cumplido los 18 años. Pese a que el matrimonio infantil está prohibido en la India, muchas niñas son obligadas a casarse. En Chennai, en el sur de la India, luchan por poner fin a este ciclo en un hogar para niñas que les ofrece un refugio seguro. Sunitha es la directora y hace todo lo posible para inculcar un sentido de independencia en sus protegidas. Aunque el recibir una buena educación y llevar una vida independiente no suelen considerarse los objetivos deseables para las muchachas, este es el propósito de su organización. En el año 2016 un video destapó una boda colectiva en la India, de novias niñas, en la que alguna de ellas tenía apenas 5 años, que se celebró en el marco del Akshaya Tritiya, un festival hindú tradicional en zonas rurales de la India ,y aunque las imágenes dieron la vuelta al mundo, las bodas infantiles se han seguido celebrando ante la pasividad del gobierno indio y del mundo.

Detrás de los matrimonios infantiles hay muchas razones como la tradición, el analfabetismo, la pobreza y las migraciones por motivos laborales. También la preocupación por la seguridad de las menores cuando los padres se van a trabajar fuera de sus ciudades es un motivo habitual. No hay que perder de vista que el matrimonio precoz también protege a las niñas de castas vulnerables de matones y otras personas de castas superiores.

Sonjida, una joven rohinya de un campamento de refugiados de Bangladesh tenía 15 años cuando se casó con un hombre de 75. Ella explica «éramos pobres, por esa razón tuve que casarme con ese hombre mayor». Se quedó embarazada y su preocupación siempre era cómo iba a poder cuidar de su bebé cuando él se muriera. Bangladesh es el segundo país en términos absolutos de matrimonios infantiles con más de 4 millones de niñas casadas. Aunque la ley del país no permite matrimonios antes de los 18 años, sí los permite en casos especiales en los que menores que han sido violadas pueden casarse con sus violadores para evitar el estigma y la vergüenza que van asociadas a ser víctima de ese delito.

Además del Asia Meridional, el África Subsahariana es la otra región del mundo con tasas más altas de matrimonio infantil. En Niger, el 76 % de las jóvenes se casan antes de los 18 años y el 28 % lo hace antes de los 15. Este país del Sahel tiene la mayor tasa de prevalencia de matrimonio infantil de todo el mundo. Aunque la edad mínima legal para el matrimonio son los 15 años, con el permiso de los padres pueden casarse antes y esto sucede, como se aprecia, con mucha frecuencia.

Son numerosísimas las historias de mujeres niñas obligadas a casarse. Barira M. vivía en Diffa, Niger. Su padre le buscó un marido cuando tenía 14 años y le dijo que si no se casaba con él, abandonaría a la familia. Y Barira accedió. Fue maltratada y abusada por su marido. Consiguió escapar y fue ayudada a denunciarlo en una comisaría, consiguiendo liberarse de él. El marido entró en prisión y el padre, igualmente, abandonó a la familia.

Meimuna era una estudiante brillante, sacaba buenas notas y soñaba con convertirse en profesora de su escuela en el campo de refugiados de Mberra, en Mauritania. Pero con 12 años tuvo que abandonar la escuela para casarse. «Mi madre me dijo un día que mi padre concedió mi mano en matrimonio cuando todavía estaba siendo amamantada». Ella explica que aunque no está de acuerdo, es normal y lo entiende. Son una familia muy pobre. El padre falleció y la madre se pone enferma con facilidad, con lo que el matrimonio es una seguridad para toda la familia. «Mis dos hermanas se casaron a los 15 y a los 16 y mi madre a los 10».

Líbano ni tan siquiera tiene una edad legal mínima para el matrimonio ni tampoco dispone de ningún código civil que los regule. En su lugar, los tribunales religiosos han dispuesto una edad mínima de 15 años para casarse, y está regulada de forma diferente en cada uno de los 18 grupos religiosos reconocidos en el país.

Brasil y México también están entre los 10 países con más matrimonios con menores con 2,9 y 1,2 millones respectivamente. El 24 % de las mujeres en América Latina que actualmente tienen entre 20 y 24 años se casaron antes de cumplir

18. Y por desgracia, no se ha observado ningún cambio significativo en la prevalencia de estos casamientos en los últimos 30 años. Aunque también hay niñas adolescentes que se casan con sus parejas adolescentes, esos casos son menos en comparación con los que hay una gran disparidad de edades.

En República Dominicana, una de cada tres chicas se ha casado antes de cumplir 18 años, y una de cada cinco ha dado a luz siendo menor de edad.

Algunas comunidades indígenas en México presentan altas tasas de mujeres que se casan o se unen antes de los 18 años. Allí, Elsa Simón ha fundado la asociación civil «Por la Superación de la Mujer» que desde hace 21 años ha ayudado a niños y mujeres víctimas de violencia familiar en Chiapas. Allí explica una de las historias, la de una niña morenita con ojos tristes, que su mamá vendió cuando tenía 10 añitos a un hombre de 60 años por 30.000 pesos, unos 1500 euros. Su madre se la había llevado al hombre a su tienda y la había dejado allí. Consiguió recabar información y alertar a la policía y a la Fiscalía para que investigara, y consiguieron que la niña confesara que ese señor con el que vivía no era su papá. La niña fue llevada a uno de los refugios para menores de edad y mujeres de la organización de Elsa y cuando cumplió la mayoría de edad, salió del refugio y empezó una nueva vida en otra parte del país con el apoyo de la institución. En Chiapas casi 1 de cada 4 adolescentes entre 12 y 18 años están emparejadas o casadas. De ellas el 15 % ya ha sido madre.

La pobreza y algunas leyes religiosas sostienen estos enlaces. Hay padres que por la cantidad de hijos que tienen, facilitan que sus hijas se casen o se unan porque no encuentran otra forma de darles de comer y mucho menos de que estudien, con lo que consideran que lo mejor para ellas es casarse y llegan a obligarlas a hacerlo. Los hombres mayores aseguran a las familias que cuidarán de ellas o que las pondrán a estudiar, cosa que raramente sucede, y muchas de esas chicas terminan esclavizadas.

Cuando las niñas son víctimas de maltrato en su familia, incluso son ellas las que piden irse, pero en su huida, las menores se exponen a abusos físicos y emocionales y a embarazos de alto riesgo. Invariablemente las mujeres que se casan siendo niñas tienen menor nivel educativo y con mayor probabilidad van a aceptar sumisamente los roles de género patriarcales.

Muchas de estas situaciones se dan en culturas en las que las mujeres son objetos, en las que pasan de la sociedad del padre a la sociedad del esposo. Los intercambios de dinero o bienes en el momento del matrimonio, incluso cuando no se dan en situaciones de venta de los menores, ponen de manifiesto cómo en los acuerdos matrimoniales entre las familias, independientemente de la edad de la mujer, la idea de transacción entre los varones de una y otra familias se encuentra aún muy presente en muchas culturas.

También estos roles en los acuerdos matrimoniales son una clara manifestación de la discriminación de género.

Según UNICEF, más de 650 millones de niñas y mujeres vivas en la actualidad en el mundo se casaron durante su infancia. En Sudan del Sur, donde desarrollan una de sus campañas para erradicar el matrimonio infantil, la mitad de las niñas contraen matrimonio antes de los 18 años. Se sabe que es 3,4 veces más probable que los niños y niñas que no están en la escuela acaben casándose respecto a los que sí acuden. Entre los factores que hacen más probable estos matrimonios destaca en primer lugar la pobreza. Las familias más pobres deciden casar a sus hijos e hijas menores de edad para contar con otra fuente de ingresos o para reducir la carga económica del hogar.

Las niñas que se casan no solo pierden su infancia, sino que, al adoptar el rol doméstico, a menudo rompen los lazos con sus familias y sus amigos y quedan aisladas, siendo extremadamente vulnerables al maltrato y a las violaciones. Esas niñas casadas ya no van a volver a estudiar ni a jugar, sino solo a llevar adelante una casa, cocinar, limpiar, tener hijos y tener sexo con un hombre que a veces podría ser por edad su abuelo. Como sus cuerpos aún no se han acabado de desarrollar y son niñas dando a luz a otros niños, tienen cinco veces más probabilidades de morir durante el parto o tener complicaciones. También los hijos tienen más probabilidades de padecer malnutrición.

En el informe *Estado de la población mundial* de 2013, elaborado por Naciones Unidas, que está dedicado a la maternidad en la niñez, se recogen testimonios estremecedores como estos:

> «*Tenía 14... Mi mamá y sus hermanas empezaron a preparar la comida y mi papá nos pidió a mis hermanos, a mis hermanas y a mí que nos pusiéramos la mejor ropa porque íbamos a tener una fiesta. Como no sabía qué sucedía, festejaba como todos los demás. Ese día me enteré de que era mi boda y que debía irme con mi marido. Intenté escapar, pero me atraparon. Así que me encontré con un marido tres veces mayor que yo... Se suponía que este casamiento me salvaría del desenfreno. La escuela había terminado, así de simple. Diez meses después estaba con un bebé en mis brazos. Un día decidí escapar, pero acepté quedarme con mi marido si me dejaba volver a la escuela. Tengo tres hijos y estoy en séptimo grado*». Clarisse, 17 años. Chad.

> «*Hacía un año que salía con mi novio. Él solía regalarme dinero y ropa. Quedé embarazada cuando tenía 13 años. Todavía estaba en la escuela. Mis padres pidieron a mi novio que se quedara en nuestra casa. Él les prometió que me cuidaría. Después de eso se fue. Dejó de llamarme y no tuve más contacto con él. Cuando di a luz a mi bebé, mis padres me cuidaron y me enseñaron a cuidarlo. Todo lo que quiero es volver a la escuela*». Ilda, 15 años. Mozambique.

> «*Me entregaron a mi marido cuando era pequeña y ni siquiera recuerdo cuándo porque era tan pequeña... Fue mi marido quien me crió*». Kanas, 18 años. Etiopía.

«Conocía los preservativos, pero no le podía pedir a mi marido que los usara. Tenía apenas 16 años cuando me casé y creía que se iba a enojar, ya que yo soy menos educada que él».
Pinki, 19 años. India.

«Mi tío se acostó conmigo. Ya no asisto a la escuela. En la escuela no aceptan a las niñas que quedan embarazadas».
Affoué, 13 años. Costa de Marfil.

La ONG Save The Children denuncia que cada 7 segundos una niña menor de 15 años contrae matrimonio en algún lugar del mundo. En el año 2016 pusieron en marcha una campaña en Times Square, el corazón de Nueva York, en la que una niña de 12 años se paseaba vestida de novia de la mano de su novio, un hombre de 65 años de edad, con la mirada perdida en el suelo. Con ello querían visibilizar que, en algunos estados de EE. UU. aún es legal contraer matrimonio con menores de edad, con el permiso paterno y como denuncia de la realidad que padecen miles de niñas de todo el mundo.

En un programa de investigación publicado en el 2017 y difundido por la cadena de televisión PBS de Estados Unidos se arrojó la escalofriante cifra de que, entre 2000 y 2015, 207.468 menores de edad contrajeron matrimonio en ese país. De ellos el 87 % eran mujeres y el 99 % tenía entre 15 y 17 años. Aunque en comparación con las cifras del tercer mundo, la realidad de Estados Unidos afecta a un número muy inferior de menores, nos recuerda que también en Occidente los menores están en riesgo de contraer matrimonios convenidos por los adultos.

También en Cataluña vivimos estos casos. Los Mossos d´Esquadra, la policía autonómica catalana, han impedido 75 matrimonios concertados de menores solamente entre el año 2010 y el 2018. Ese año, incluso dos de las niñas tenían menos de 10 años. En ese tiempo, también han impedido 52 matrimonios forzados de mujeres mayores de edad. Lo grave es que hasta la policía es consciente de que esos son los números que han podido abortar, pero que se corresponden a una realidad aún mayor a la que es difícil acceder por la barrera que interpone la cultura, las costumbres y la religión.

«Profe, me voy de viaje... es que me hacen una fiesta porque voy a casarme». Por fortuna el profesor del que esta alumna se despidió con ojos tristes, en un colegio del centro de Barcelona, tuvo la firme determinación de llamar inmediatamente a la policía y pudo felizmente evitar el viaje y el casamiento. En estos casos suelen aplicarse medidas cautelares como órdenes de alejamiento de los maridos y los padres.

La primera denuncia de un matrimonio forzoso islamista en Cataluña fue la de Hanan Serrokh. Aunque su denuncia fue en 1989 y la resolución fue en 1990, hasta 2014 en Cataluña los Mossos d'Esquadra, la policía autonómica, no han empezado a recibir formación específica para detectar esos casos.

Recientemente ha publicado *Coraje. El precio de la libertad*, en el que narra su experiencia vital y su tenacidad para lograr salir de un matrimonio forzoso.

> «Al día siguiente, como quien te dice pásame la sal, mi madre me cuenta: "ayer vinieron a pedirte en matrimonio. Eso es muy bueno. Tu futuro marido es un hombre bueno y temeroso de Alá y así te guiará". No grité, no respiré, no sabía qué decir. Tenía que vigilar mi reacción. Al salafista no le podía decir nada. Él nunca hablaba conmigo. Todo lo que me decía era a través de mi madre. Para hablar con mi madre de verdad, con sinceridad, tenía que esperar a que su marido no estuviera en casa. En esencia, lo que habían decidido era que iba a pasar de la custodia de un salafista, el marido de mi madre, a la de otro, que sería además mi marido y tutor. Recuerdo el temblor de mi cuerpo y mi incapacidad para articular palabras. No sabía realmente qué era casarse, tampoco conocía al que me había comprado. De hecho, no lo vería hasta el momento de la boda.
>
> Se quitaban un problema, apartaban a la rebelde de la casa y ante la comunidad musulmana mi padrastro quedaba como un líder que había impuesto su ley. La persona que se casara

conmigo tendría acceso al permiso de residencia, y evitaba todas las trabas de la Ley de Extranjería. No tenía nadie a quien acudir. En el colegio se habrían olvidado ya de mí. Tenía una única amiga, una chica de mi edad. Nuestras madres eran amigas. Le expliqué que me querían casar, que yo aceptaba y que no sabía qué hacer. A ella la idea de casarse le parecía buena: "Si te casas serás libre, puedes hacer lo que quieras y si no te gusta siempre te puedes divorciar". Al principio me pareció una idea loca, pero bien pensado, no dijo ninguna tontería. Muchas víctimas de matrimonios forzosos aceptan en un primer momento para luego separarse y quedar libres. Es pagar un peaje por la libertad».

A Hannan Serroukh su padrastro, seguidor de la organización integrista Hermanos Musulmanes, quiso casarla poco antes de cumplir los 15 años. Ahora tiene 47, es vocal de la Fundación Politeia y lleva más de 30 luchando por evitar que les pase lo mismo a otras niñas en España. En su libro denuncia que en nuestro país los matrimonios forzosos han aumentado un 60 % desde 2015. Aunque Hannan pudo escapar de un matrimonio forzoso, ha tenido que pagar un precio muy alto, ya que desde entonces no ha vuelto a ver a su madre ni a sus hermanos.

Cataluña es la comunidad autónoma donde consta un mayor asentamiento de ciudadanos de religión musulmana y donde los servicios de información policiales y de inteligencia llevan años alertando de la existencia de una sociedad dentro del Estado, pero ajena a este y que aplica sus propias normas y castigos que nada tienen que ver con la Constitución ni con el Código Penal español, sino con las costumbres ancestrales de sus países de origen.

Si la costumbre lo dicta, a las niñas se las mutila practicándoles la ablación, que se realiza en el país de destino mayoritariamente. Hablaremos de ello un poco más adelante.

En Cataluña vive también Huma Jamshed, profesora en Química en la Universidad de Karachid que llegó a la

Complutense en el año 1997 a sacarse el doctorado y a la que el destino llevó a Barcelona, donde fundó la asociación ACESOP, desde la que, desde entonces, lleva atendiendo a más de 200 menores. Sabe que habitualmente los maridos les quitan la documentación o no se la renuevan para tenerlas controladas. Que los padres no dejan que sus hijas lleguen a la Universidad y que con suerte acaban la ESO.

En diciembre del año 2022 detuvieron al padre de una joven de origen pakistaní por haberla secuestrado e intentado enviar a Pakistán para casarla a la fuerza con un hombre de su país. Previamente le había obligado a interponer una denuncia falsa contra su novio español por violencia machista porque desaprobaba la relación que mantenía con él.

Unos meses antes se había sabido del crimen de Uruj y Anisa Abbas, dos jóvenes de 21 y 24 años residentes en la ciudad barcelonesa de Terrassa que habían viajado engañadas a Pakistán y fueron torturadas y asesinadas por sus parientes por querer divorciarse de sus primos con quienes les habían obligado a casarse. La idea de las familias era que los dos hombres pudiesen, a través de sendos matrimonios concertados, obtener visados para instalarse en España. Uruj y Anisa se negaron. Sus parientes las torturaron para hacerles cambiar de opinión. Al ver que persistían en su negativa, como ya no les servían para sus propósitos, las asesinaron.

Una de las razones por las que esto ocurre en tantos y tan diferentes lugares es porque en el fondo subyace la idea de que el único rol de las chicas es convertirse en esposas y madres. Las niñas pueden ser consideradas como un bien que se puede comprar o vender. Hay lugares donde existe incluso un sistema para establecer un precio.

La localidad salmantina de Peñaranda de Bracamonte saltó a los titulares de prensa cuando se supo que una niña de 12 años vivió una historia de horror al haber sido obligada a casarse, maltratada, violada a diario y quemada con un soplete.

La pareja se había casado a través del rito gitano. Sus familias llegaron a un acuerdo y la menor se fue a vivir con el chico, que contaba con 21 años, y con su familia. La dejaban encerrada en la habitación durante días, solo la dejaban asearse dos veces a la semana y le daban de comer una vez al día. Cuando fue detenido explicó que su intención era denigrar su integridad física y dejar clara su posición de superioridad. Cuando la menor hablaba con su familia, con quien solo le era permitido comunicarse telefónicamente, mientras ella les decía que estaba bien, él la tenía amenazada poniéndole un cuchillo en la garganta para que así no pudiese denunciar lo que le estaba pasando.

En junio del 2023 se celebró en Madrid el juicio contra los padres de una menor de 12 años, acusados de venderla a un matrimonio de compatriotas rumanos para que mantuviera una relación conyugal con su hijo, al ser una tradición de la cultura gitana de origen rumano. La edad para contraer matrimonio en España hasta hace unos años era a partir de los 14, pero en el 2015 la Ley de Jurisdicción voluntaria elevó la edad a 16 siempre que se solicite judicialmente su emancipación. Los acusados negaban que se hubiese llevado a cabo el casamiento a cambio de dinero e insistían en que no sabían que los hechos fueran constitutivos de delito. Argumentaron en el juicio que los menores se conocieron a través de las redes sociales y que ellos solo facilitaron el encuentro. La menor, que había venido a España sin ser escolarizada, insistió en que ella había sido vendida porque ella quería al chico. Sin embargo, al llegar a España, fueron los padres del chico quienes retuvieron su documentación y no le permitieron tener teléfono móvil personal.

Como vemos, el matrimonio infantil es un delito en el primer mundo, pero no podemos identificar factores psiquiátricos en él, ya que el único factor que le da explicación es la normalidad de este fenómeno en otras culturas igual que sucedía en Occidente hace algunos siglos.

Estas situaciones ilustran cómo a lo largo de la historia y solo hasta hace muy poco tiempo y en Occidente, y no en todos los grupos culturales, el papel de la esposa en la historia doméstica y conyugal se asemejaba más al de un bien jurídico que pasaba de ser posesión del padre hasta que de sus manos, mediante la transacción del matrimonio, pasaba a las de su marido y las de su familia política. Ante la falta de reconocimiento de la capacidad de consentir de las mujeres, el concepto de minoría de edad en ellas no tenía ningún sentido, y por tanto no era necesario para llevar a cabo esta transacción. A la vez, dado que una de las funciones de las mujeres era la capacidad de procrear, el momento en que esta transacción podía empezar a llevarse a cabo, iba más ligado al del inicio de la menstruación y la capacidad de gestar y en absoluto a ningún concepto ligado a la madurez para decidir.

En honor a la verdad, también en diversos momentos de la historia y en lugares diferentes el matrimonio se ha llevado a cabo sin tener en cuenta la voluntad de los varones, siendo un arreglo entre las familias. Huelga decir que incluso en esos casos, las mujeres son las que se han llevado a lo largo de la historia la peor parte.

Aunque el matrimonio es una de las prácticas más antiguas de la historia ha evolucionado con el ser humano a la par que la sociedad y en función de cómo en ella se han ido entremezclando los componentes civiles con los religiosos de la unión.

Para los sumerios, el matrimonio era ante todo un contrato entre el padre de la novia y el novio por el cual establecían una relación de colaboración. En la Grecia clásica, aunque los matrimonios tenían un componente religioso al auspiciarse bajo la protección de la diosa Hera, no eran oficiados por sacerdotes y tenían como única finalidad tener hijos que dieran continuidad al linaje y siguieran con las tradiciones familiares para que los muertos pudieran ser felices en el otro mundo.

La historia de las bodas cambió con el Derecho Romano, que estableció tres tipos de unión: la Confarreatio, en la que el marido juraba amar a su esposa; la Coemptio, en el que los hombres compraban a las mujeres para casarse pagando una moneda de plata y otra de bronce a su padre por la unión y pasando a pertenecer al marido y a la familia de este; y el Usus, una forma de unión en la que la novia podía compartir su convivencia con el novio pero que podía disolverse si abandonaba el hogar. Además se contemplaban el Concubinatus, como unión entre dos personas libres a las que les era impedido casarse por ser extranjeros o por ser soldados antes de acabar su servicio, y el Contubernium, para la unión entre dos esclavos o entre un esclavo y una persona libre, que requería ser consentida por el amo y podía ser disuelta por él en cualquier momento.

La expansión del cristianismo estableció la monogamia, prohibió la consanguinidad y convirtió al matrimonio cristiano en un sacramento y la única forma legítima de vivir en pareja.

Daniel Defoe dijo a principios del siglo XVIII que el matrimonio era «prostitución legalizada», una visión muy acorde con el rol de la mujer por aquel entonces. La ley inglesa desposeía a todas las mujeres (exceptuando a la reina) de sus posesiones cuando contraían matrimonio. No podían poseer tierras ni tenían control sobre sus posesiones, algo que, matizado, ocurriría hasta mediados del siglo XX, cuando las mujeres aún debían pedir permiso a sus maridos para abrir una cuenta bancaria o adquirir un automóvil. Y la dote era una moneda de cambio habitual.

En Occidente, en 1875 se instauró por primera vez el matrimonio civil, marcando por primera vez la separación entre el Estado y la religión. El matrimonio civil permitía casarse a personas de diferentes religiones y también el divorcio. Más recientemente ha surgido la necesidad del matrimonio igualitario, dependiendo de la legislación de cada país que permite a las parejas homosexuales formalizar su amor a acceder a los mismos derechos que las heterosexuales.

Tal como entendemos el matrimonio hoy en Occidente

este es monógamo y únicamente se puede establecer por la voluntad de las personas que quieren casarse. Deben hacerlo mediante una serie de ritos y ceremonias legales (y religiosas si así se desea) que atestiguan su validez y puede ser interrumpido a iniciativa de cualquiera de los dos cónyuges. Pero como vemos, esto es así solo muy recientemente en la historia y solo en los países occidentales. (No hay que perder de vista que en España, hasta el año 1978 las mujeres requerían del permiso paterno o del marido para disponer del pasaporte, para viajar y para abrir una cuenta corriente en el banco).

En el judaísmo y también en Israel en la actualidad solo se reconocen los matrimonios religiosos. Sin embargo, ya en los relatos bíblicos se describe el matrimonio como la institución que proporcionaba derechos a la esposa aceptados por el marido. Aunque en la Biblia la esposa es tratada como una posesión propiedad del marido, el judaísmo impuso obligaciones a este y reconocía los derechos de ella. En la Edad Media, la esposa judía disponía de una situación más favorable que la de otras culturas respecto a sus derechos y libertades.

En el Islam el matrimonio es un contrato entre un hombre y el tutor legal de una mujer ajustándose a la doctrina vigente en cada país. Si se cumplen las condiciones, se acuerda la dote y se firma el contrato. En algunos de ellos, la novia debe dar su consentimiento por su propia y libre voluntad. En otros, la novia puede estar presente durante la firma del contrato, aunque su presencia no es obligatoria. Aunque la solicitud del divorcio es muy fácil para el hombre (*talaq*), es muy difícil de obtener para la mujer (*fasakh*), que requiere de la participación de un tribunal religioso y solo puede llevarse a cabo en condiciones muy específicas como la crueldad por parte del esposo, la deserción o el maltrato. También la tradición oriental contempla la poligamia de un varón y varias esposas dentro del matrimonio tradicional.

En este concepto aún vigente del matrimonio islámico de

la mujer como bien material que pasa de ser propiedad del padre a ser propiedad del marido y de la familia de este, es importante analizar la mutilación genital femenina como práctica extendida en muchos países, especialmente del África Subsahariana, así como en Yemen, Irak, Malasia, Indonesia y en ciertos grupos étnicos de América del Sur, y atestigua ese derecho de los varones de la familia a disponer del cuerpo de las mujeres, cuando aún son menores, habitualmente sin su consentimiento.

La mutilación genital femenina (MGF) hace referencia a todos los procedimientos consistentes en la resección parcial o total de los genitales externos femeninos y otras lesiones de los órganos genitales femeninos por motivos no médicos. Se considera una de las violaciones de los derechos de las mujeres y las niñas promovida en muchos países y silenciosamente tolerada por el resto del mundo y que tiene sus raíces en la desigualdad de género. Afecta a 120 millones de mujeres y niñas de todo el mundo y 30 millones de niñas menores de quince años están en riesgo de ser sometidas a esta convención social perjudicial para la salud. Provoca importantes complicaciones a corto plazo como dolor intenso, *shock*, hemorragia, sepsis y tiene riesgo de muerte tras la intervención. A largo plazo es causa de infecciones vesicales y urinarias recurrentes, quistes, esterilidad, aumento del riesgo de complicaciones del parto. También queda afectada la salud mental y la vida sexual de las mujeres mutiladas.

Los argumentos que lo justifican en esos lugares son motivos de tradición, higiene, estéticos, religiosos, de control de la sexualidad, protección de la virginidad y fidelidad, aumentar la fertilidad, evitar que el clítoris crezca, presión social, pertenencia a la comunidad, reducir las demandas sexuales de las mujeres en las sociedades polígamas, la creencia de que el neonato o el marido pueden morir al tocar el clítoris, y aumentar el placer sexual en los hombres.

Los Estados europeos prohíben rotundamente en sus legislaciones. Concretamente en España, constituye un delito de lesiones, tipificado y sancionado en nuestro ordenamiento jurídico y perseguido tanto territorial como extraterritorialmente. A pesar de ello, los enjuiciamientos son poco frecuentes debido a las dificultades para detectar casos y reunir pruebas, a la resistencia a denunciar y, especialmente, a la falta de conocimientos por parte de las mujeres de los colectivos que las practican. El amparo de la legislación es importante, pero el abordaje del problema debe ser integral, debiendo acompañarse de medidas de sensibilización y facilitando las denuncias mediante el amparo a las denunciantes.

En España la mutilación genital femenina se considera una forma de violencia de género.

Woppa Diallo es una superviviente de la mutilación genital que lucha para erradicar la ablación en Senegal y ha sido reconocida con el Premio Caine de la literatura africana junto a su marido por sus publicaciones basadas en sus experiencias de violencia. Cuando tenía 12 años su tía la llevó a un pueblo al norte de Senegal para visitar a una amiga de la familia. Cuando llegó a la primera que vio fue a una niña que lloraba. Luego la llevaron a una habitación donde solo había un frutero con cuchillas dentro. La mujer la atrapó. La retuvo. Cerraron la puerta a sus espaldas. Lo recuerda como una violación a su intimidad y una tortura. Su vida fue muy difícil a partir de entonces. Canalizó su rabia hacia el activismo y fundó una asociación para promover la escolarización de las niñas.

Otro testimonio es el de Isatu. Tras ser sometida a la ablación con ocho años y obligada a casarse con 15, decidió migrar a España con su hija desde Sierra Leona, donde han recibido protección por razones de género. Isatu huyó para que su hija no tuviera que sufrir lo que le habían hecho a ella. Ella cuenta que su abuela la llevó a una fiesta, había mucha comida y muchas más niñas. Les decían que comieran bien. Luego las llevaron a un cuarto muy grande y las cogieron de una en una. Le taparon los ojos, le agarraron con fuerza los brazos y las piernas y le arrancaron la ropa rápidamente. Notó que le cortaban, pero no podía moverse, ni tan siquiera gritar porque tenía la boca tapada. Describe que sintió como un cuchillo en su piel íntima. Le cortaron el clítoris y los labios menores y después la cosieron. Por supuesto sin anestésico. Pese al terrible dolor, nadie la consoló. En ese mismo cuarto murieron pocos días antes dos niñas, desangradas.

En agosto del 2023 ha sido noticia que los Mossos d´Esquadra, la policía autonómica catalana, ha evitado la ablación y el matrimonio forzoso de tres hermanas residentes en Lérida al alertar del riesgo inminente de que viajaran con su familia a su país de origen en el Sahel tras ser puestos sobre aviso por los profesores de su colegio. En marzo de este mismo año, fue una madre la que acudió a un centro de salud a pedir que se le practicase allí la ablación a su hija de 17 meses. Sucedió en Sant Joan Despí (Barcelona). Se le retiró el pasaporte a la menor cuando la familia estaba a punto de volar a su país de origen, Sierra Leona.

Cataluña tiene ya desde hace 20 años un protocolo de actuaciones para prevenir la mutilación genital femenina, no solo para concienciar a las familias que tienen normalizada esta práctica en su cultura, sino también para detectar y evitar que se produzcan más casos. Cada cierto tiempo van saltando a los medios de comunicación los casos que salen a la luz. En el 2018 una menor de Mollerusa que iba a viajar a Guinea, en el 2014 cuatro casos en la provincia de Gerona que iban a ser llevadas a Gambia. El código penal castiga la ablación con penas de entre 6 y 12 años de cárcel, y no solo por practicar la ablación en el territorio español, sino también por realizársela a menores residentes en España aprovechando un viaje a sus países de origen. Las familias no siempre saben de estas consecuencias porque muchas ni tan siquiera se plantean que en nuestra cultura sea una verdadera aberración.

En estos casos las migraciones ponen de manifiesto la tremenda distancia cultural entre el papel de la mujer en las culturas de origen de los migrantes y los grandes logros alcanzados en cuanto al respeto a los derechos y libertades de las mujeres en Occidente. Aunque aún las atrocidades descritas en las páginas de este libro ponen de manifiesto la distancia que queda por recorrer hasta que la situación de las mujeres sea equiparable en cuanto a sus derechos y protección en materia sexual a la de los hombres, es mucho lo que se ha avanzado en Occidente gracias al esfuerzo y la lucha tanto de las mujeres como de los hombres que nos han amado respetuosamente a lo largo de la historia.

4. Acoso sexual

Dentro de las diversas formas de violencia hacia mujeres y niñas, el acoso sexual es una de las expresiones más invisibilizadas. Se consideran acoso sexual todas aquellas prácticas de naturaleza sexual realizadas sin el consentimiento de la víctima y que producen un intenso malestar en la persona. Al ser consideradas situaciones comunes y recurrentes de la sociedad, muy arraigadas a nuestra cultura, eso hace que quienes las sufren no sepan identificarlas como tal, lo cual dificulta la denuncia. El acoso persigue, principalmente, a niñas y mujeres desde la infancia hasta la vida adulta, en el colegio, caminando por la calle, en el transporte público, en las universidades, en el propio trabajo... El acoso sexual es algo que sucede mucho, que se conoce poco y del que poco se habla.

Nuestra jurisprudencia regula el delito de acoso sexual en el artículo 184 del Código Penal. Se requiere que haya un autor que solicita favores de tipo sexual, para sí mismo o para un tercero, a una víctima y que esa situación provoque en la persona perjudicada una situación objetiva y gravemente intimidatoria, hostil, humillante. No es necesario que se lleven a cabo los favores sexuales, la simple solicitud de ese tipo de propuestas ya es constitutiva de un delito de acoso sexual. Además, estas conductas de acoso deben producirse dentro de una relación habitual entre autor y víctima, de tipo laboral, docente o de prestación de servicios, que tiene que ser continuada o habitual, fuera de esos contextos no se consideraría delito de acoso sexual. Se requiere que el autor sea consciente de que está generando una situación intimidatoria o incómoda para la víctima, pudiendo ser la conducta sexual física, verbal o no verbal. El principal problema que presenta este delito es la dificultad para probar esta situación. El relato de la persona que denuncia suele ser la única prueba de este tipo de delitos que ocurren en la intimidad entre dos personas y que carecen de más testigos que los propios implicados. Por este motivo es importante acreditar cómo esa situación de acoso o intimidatoria afecta a la persona mediante la prueba pericial, que consiste en una exploración psicopatológica de la persona denunciante para poder detectar la afectación o secuelas psicoemocionales.

La Ley de Garantía Integral de las Libertades Sexuales, popularmente conocida como la ley del solo sí es sí, además de modificar el Código Penal en diferentes aspectos, introdujo un nuevo delito, el de «acoso callejero», que constituye como acto delictivo quien se dirige «a otra persona con expresiones, comportamientos o proposiciones de carácter sexual que creen a la víctima una situación objetivamente humillante, hostil o intimidatoria, sin llegar a constituir otros delitos de mayor gravedad». Se considera un delito «leve» perseguible mediante denuncia de la víctima o de su representante legal.

Así como las agresiones sexuales no pasan desapercibidas y somos capaces de detectarlas con más facilidad, el acoso sexual históricamente ha sido una realidad tan normalizada que parecía no existir, aunque parece que cada vez podemos encontrar más noticias que se publican a este respecto y se empieza a visibilizar este fenómeno. El pasado mes de agosto la plataforma web creada por Comisiones Obreras con el objetivo de dar apoyo y asesoramiento a las víctimas de acoso sexual en el trabajo, Observatorio de Acoso Sexual en el Trabajo, duplicó el número de visitas en su web. El detonante de este incremento de consultas fue el caso Rubiales, la polémica creada por el beso no consentido que el presidente de la Federación Española dio a la futbolista Jennifer Hermoso. La noticia traspasó nuestras fronteras y generó un intenso debate público a nivel nacional e internacional sobre estos comportamientos machistas, generalmente ocultos y llevados a cabo por superiores a subordinadas, y puso en el centro dándole un protagonismo sin precedentes al tema del acoso sexual. Con la única excepción de que el beso no consentido a la centrocampista ocurrió públicamente y fue grabado por las cámaras que retransmitían la final, estas situaciones las sufren muchas mujeres a diario en sus centros de trabajo. Quizás no es lo más habitual que sea un acto tan directo como el de dar un beso, pero sí que son frecuentes conductas como colocar una mano en la cintura, en el hombro o la pierna, abrazos o cualquier contacto físico no deseado. También, la bromas y comentarios sexuales obscenos, preguntas sobre la vida sexual, llamadas innecesarias, silbidos, miradas impúdicas, peticiones de citas, insistencia para estar a solas con la persona afectada o reuniones incómodas en las que aparecen manifestaciones con connotaciones sexuales sobre una trabajadora son tan solo una muestra de la cantidad de conductas constitutivas de acoso sexual.

Hace unas semanas una paciente compartió en consulta su asombro ante la denuncia de acoso sexual de una estudiante de prácticas contra uno de los gerentes de la empresa multinacional para la que trabajaba. Era un secreto a voces. Básicamente todas las personas que trabajaban con él conocían a alguna mujer a la que esta persona les había escrito a horas intempestivas siendo su jefe, para preguntarles qué hacían, incluida mi paciente. Algunas lo ignoraban, soportando la presión de verle en el trabajo al día siguiente, otras le decían que estaban ocupadas y otras le contestaban por verse obligadas a hacerlo por ser su jefe. Las invitaba a almorzar para hablar sobre su desarrollo profesional y si las notaba incómodas se excusaba diciendo que lo hacía por darles apoyo en su trabajo. Ellas le respondían que todo estaba bien e incluso le agradecían el gesto de preocuparse por ellas. Estas mujeres llegaban a convencerse de que no había pasado nada, que era solamente su jefe, tan solo un simple almuerzo en un lugar público al que ellas habían aceptado ir. Pero él no se detenía, continuó con las invitaciones y las propuestas. Y ellas se preguntaban cómo es que la situación había podido llegar tan lejos. Quienes lo rechazaban expresamente recibían unas disculpas y nunca más les volvía a escribir. Pero él continuaba siendo su jefe, y tenían que trabajar todos los días con él y pretender que esto no había sucedido realmente. Se estima que esta situación se extendió por más de diez años, haciendo lo mismo a decenas de mujeres. Ninguna de ellas denunció porque, para hacerlo, tenían que aceptar que él supiera sus nombres. Él tenía mucho poder en su sector y ellas acababan a penas de salir de la universidad.

El acoso sexual afecta a 3 de cada 10 personas en el trabajo cada año, y cuando se trata de mujeres la estadística aumenta a 4 de cada 10. De ellas, solo un 1 % denuncia. El acoso sexual genera estrés y ansiedad, aumenta la brecha salarial de género, y limita las posibilidades de las personas, especialmente de las mujeres, en su desarrollo profesional. También supone un coste económico importante a las empresas por el ausentismo, disminución del rendimiento y bajas laborales. ¿Por qué es tan difícil denunciar estas situaciones? Las personas que sufren acoso sexual en el trabajo y que no denuncian lo evitan, primero, por miedo a perder su trabajo o a parecer una persona problemática. No quieren parecer exageradas o les da vergüenza no haber frenado esa situación. La denuncia, de forma paradójica, acaba siendo un factor no protector, al exponer a quien alza la voz ante estas situaciones. El miedo, la vergüenza y la culpa son el resultado de un sistema de creencias distorsionadas muy presentes en nuestra sociedad y que forma parte de una cultura informal profundamente tendente a cuestionar el comportamiento de las personas perjudicadas y a responsabilizarles de las situaciones de acoso. La segunda barrera para denunciar es que no solemos llamar al acoso sexual por su nombre. Cuando estamos frente a propuestas o insinuaciones sexuales como requisito para acceder a algún tipo de ascenso laboral, o incremento de sueldo o acceder a un puesto de trabajo, ahí lo tenemos más claro. Pero cuando se trata de comentarios sexistas, bromas homofóbicas, o invitaciones constantes e insistentes a salir, ya no lo vemos con la misma claridad. La mayor parte de personas, 9 de cada 10 según las estadísticas, presentan problemas para identificar estas conductas de acoso. Ante un grave problema que afecta a organizaciones y empresas y espacios de trabajo, y que afecta cada año a más de un tercio de las personas trabajadoras y ante el cual se piensa denunciar, lo que suelen hacer las personas que sufren acoso sexual en el trabajo es comentar la situación con otros compañeros de trabajo o bien evitar a la persona acosadora. Porque lo último que desearían hacer es denunciar a su jefe. Y este es uno de los problemas principales, que al no ser denunciado parece que no exista, y en consecuencia no se hace nada para prevenirlo. Además de concienciar a las personas sobre la importancia de denunciar las situaciones de acoso sexual, también necesitamos medidas efectivas que prevengan el acoso sexual laboral.

En España, la prevención frente al acoso sexual y por razón de sexo en las organizaciones se centra en medidas que se basan en la declaración de principios (acto de comunicación en el que la organización manifiesta que no va a permitir conductas de acoso y donde se reconoce a las personas afectadas su derecho a presentar denuncia), responsabilidad de la organización (mediante protocolos de actuación que articulan la declaración de intenciones y los procedimientos formales e informales de tutela para las víctimas), formación específica (actividades que permitan concienciar y sensibilizar sobre la existencia del acoso sexual, facilitando la identificación de estos comportamientos para evitar que se produzca y para permitir que las víctimas puedan ejercer sus derechos), asesoramiento y asistencia. Es por tanto obligación empresarial establecer unas pautas orientadoras para identificar, prevenir y afrontar los problemas de acoso y violencia en el trabajo.

Pero estos comportamientos no son perpetrados exclusivamente por parte de los mandos superiores, el acoso sexual es una forma de discriminación basada en el género como jerarquía, que puede darse también entre compañeros.

A principios de 2021, un compañero del cuerpo de bomberos al que pertenecía M. desde 2010 comenzó a compartir turno con ella. Ella se había separado hace poco y él usaba ese pretexto para pedirle consejo a ella porque estaba en proceso de separación. Su actitud con M. era insistente, reclamándole constantemente para que quedasen fuera del trabajo. Un día, ella accedió a comer con él y él la llevó a un restaurante íntimo. Ella no quería una cita, pensaba en algo más informal, una comida como compañeros de trabajo. Ella intenta cortar la relación y distanciarse, pero inevitablemente coincidían y compartían la jornada laboral en el mismo espacio. Él continuó su insistencia en quedar fuera del trabajo y chantajeaba a M. emocionalmente, diciéndole que «no podía dejarle así», «que tenía que ayudarle con la separación», al fin y al cabo, él supuestamente «solo quería que ella le escuchase». M. buscaba la manera de poner distancia y se negaba a esas propuestas, pero la presión de su compañero no cedía. Finalmente, un día M. accedió a dejarle subir a su casa. Tras ver una película, y sin haber apenas haber mantenido ningún tipo de conversación, él se abalanzó sobre ella y abusó sexualmente de M. Ella permaneció inmóvil durante el acto sexual no consentido, hasta que él finalizó. Sin palabras, ella acudió al baño para ducharse, reaccionando de forma absolutamente imperturbable. No podía creer que fuese cierto lo que acababa de ocurrir. Mientras se duchaba pensaba que cuando volviese al sofá él ya no estaría, como si hubiese sido todo un sueño. Pero él continuaba allí, impasible. Ella se sentó, sin articular palabra esperando que él se fuese, estaba en estado disociativo, con una enorme desconexión emocional por el impacto de lo que acaba de vivir. Él decidió dormir con ella y M. no se negó, pese a su intenso malestar.

A partir de aquel momento, la presión hacia M. por parte de su acosador se mantuvo y fue *in crescendo*. Ella comenzó a adoptar mecanismos de defensa para evitar encontrarse con él, poniendo diferentes excusas. Y aunque él prometió a M. que no volvería a pasar, de forma inexplicable la convenció de nuevo para quedar otro día en su casa. Realmente M. llegó a creer que él lo estaba pasando mal y se sintió obligada a apoyarle, y lamentablemente volvió a repetirse la misma historia, volviendo a sufrir un nuevo episodio de abuso. M. comenzó a culpabilizarse, sabía que no podía confiar en él, pero no podía librarse de esa situación, ya que debían trabajar juntos. El compañero persistió en su afán de quedar con M. y de que fuera a su casa, le decía que todo fue un malentendido y que si hablaban con tranquilidad se resolvería. Ella estaba convencida de que si aclaraban las cosas todo se resolvería y finalmente accedió a quedar con él por tercera vez. Creía que, si el encuentro se daba en casa de él, ella podrá irse cuando quisiera si se sentía en peligro. En aquella ocasión, él volvió a abusar de ella, de forma aún más agresiva. Ella recuerda que logró darle una bofetada, pero él la cogió con fuerza y la llevó por la fuerza a la cama. Por la mente de M. solo pasaba un pensamiento mientras era forzada sexualmente, «te lo mereces». Su capacidad de respuesta ante la agresión era nula y su culpabilidad la sumió en un estado de total indefensión. No dejaba de dudar sobre si le había dejado claro que no quería ese tipo de relación, sentía que quizás había sido culpa de ella por no ser clara en su negativa a tener relaciones con él.

Una tarde, al entrar en el parque de bomberos, otro compañero, V., se dio cuenta que M. no estaba bien, que lloraba y su estado no era el de siempre. Ella se lo explicó todo y V. la convenció para denunciar lo que estaba pasando. Tras interponer la denuncia, inmediatamente el supuesto agresor fue detenido frente a sus propios compañeros. Fue esposado y puesto a disposición judicial, lo suspendieron de empleo y sueldo. Todo este escenario empeoró la situación para ella, ya que sus compañeros no la creían, opinaban que había puesto en una situación muy delicada al acusado, quien lo negó todo. En su declaración sostuvo que las relaciones fueron consentidas. Que todo era un plan urdido por su otro compañero V., para perjudicarle.

M. permaneció en situación de baja laboral. Los jefes no la veían en condiciones de trabajar y los compañeros le hicieron el vacío. No le perdonaron que hubiera puesto en aprietos a su compañero. Nadie creyó en el relato de ella, y este fue uno de los motivos que le llevó a mi consulta, quería recuperar la credibilidad. Nadie entendía, ni si quiera ella, que hubiera permitido que la situación se repitiese hasta en tres ocasiones porque ella accedió a dejarle entrar a su piso o algo peor, ella fue al piso de él sabiendo lo que podía pasar.

La conducta aparentemente contradictoria y paradójica de M. al aceptar propuestas de proximidad de su compañero de trabajo, cuando en realidad su deseo era mantener una neutralidad afectiva, tan solo se podía explicar por su trayectoria vital. M. había sufrido a lo largo de su vida violencia de forma continuada, así como algún episodio con un alto componente traumático, que le habían afectado en la configuración de su personalidad. A pesar de ser una mujer autosuficiente y capaz, su autoestima presentaba muchas carencias y su forma de relacionarse con los demás era excesivamente complaciente, con muchas dificultades para poner límites. Los tres episodios de abuso sufridos, en un contexto de acoso sexual en el trabajo, resultaron tan difícil de comprender para la misma afectada como para su entorno social, que dudaba de la palabra de M. La falta de apoyo social y el vacío de su entorno laboral agravó la sintomatología de M., que precisó abordaje psicoterapéutico especializado para la superación del trauma.

Si las conductas de acoso sexual en el trabajo muchas veces pasan desapercibidas, las que suceden en el espacio público son más difíciles de detectar. Mis primeras memorias relacionadas con el acoso sexual callejero se remontan a mi niñez. Puede sonar duro, pero esa es la cruda realidad. Por aquellos entonces, yo era una niña de primaria o preescolar, que iba de la mano de mi madre haciendo la ruta diaria hacia el colegio. Cada mañana dos hombres salían a la puerta de entrada de la fábrica donde trabajaban para ver pasar a las mujeres que llevaban a sus hijos a la escuela. Todavía, hoy, puedo sentir el rechazo, frustración y rabia que me producía esa escena. Aquellos hombres verbalizaban sin ningún tipo de pudor a mi madre mensajes obscenos, sin importarles que mis hermanos y yo estábamos escuchándolo todo. Mi madre, sin opción de cambiar de ruta, aceleraba el paso y fingía ignorar todas esas barbaridades. Recuerdo recriminarle a mi madre que pasara por ahí, como si fuera culpa suya. Desde mi mirada de niña, aquella situación me parecía muy violenta, percibía aquellos hombres como auténticos monstruos capaces de depredar a mi madre. Con el tiempo aprendería que la reacción de mi madre ante los comentarios de aquellos hombres sería una de las estrategias con la que sobreviviríamos muchas mujeres, incluída yo, ante el acoso callejero: callar y acelerar el paso.

A medida que fui creciendo y me convertí en una adolescente, empecé a sufrir la violencia del acoso sexual de forma directa. Actos como entrar en una discoteca y que, aprovechando el abarrotamiento del momento, alguna mano «distraída» se posase sobre alguna parte de tu cuerpo, por supuesto sin consentimiento alguno. En esos casos, tanto se normalizaba ese acto abusivo de tocar como que la persona ofendida pudiese soltar una bofetada al personaje de turno, que adoptaba en muchos casos una actitud de burla ante esa reacción de la chica en cuestión. Recuerdo en otra ocasión cómo, estando con mi grupo de amigas, charlando tranquilamente en las escaleras de un portal, un hombre se acercó sonriendo mientras se masturbaba ante nuestra mirada atónita. Nuestra reacción fue la de salir corriendo y ponernos a resguardo, compartiendo la tensión, indefensión y terror de aquel momento con unas risas nerviosas de incredulidad ante lo sucedido. Y como estas, desgraciadamente, podría explicar muchas más. Lo grave de todo esto es que ni se nos pasaba por la cabeza la posibilidad de denunciar, asumíamos que «estas cosas podían pasar» y que, incluso, llegábamos a sentir que era responsabilidad propia, la de cada mujer, no exponerse a situaciones de peligro como caminar sola por la calle y vestir de según qué maneras. Estábamos muy desorientadas.

Afortunadamente, no estamos en el mismo punto que hace años, pero todavía nos queda mucho trabajo por hacer. Las situaciones de inseguridad se siguen dando mayoritariamente en la calle, en un 55 % de los casos, y en parques y jardines en un 31 %, según recogen diversos estudios. El 37 % de casos restantes hacen referencia a situaciones de acoso sufridas de madrugada, en bares o discotecas. El acoso sexual no sucede únicamente de noche y en zonas peligrosas, se extiende a cualquier lugar y hora del día.

Cuando estudiaba criminología recuerdo un seminario interesantísimo que relacionaba la criminalidad con el diseño urbanístico. La importancia de unas infraestructuras adecuadas, una buena iluminación, la presencia de policía o vigilancia son claves para prevenir el acoso callejero. Aunque estos factores no son el antídoto contra el acoso sexual callejero, sí que influyen en la sensación de seguridad que experimentamos las personas cuando caminamos por la vía pública. El fenómeno del acoso sexual en la vía pública, que abarca desde comentarios inapropiados y gestos ofensivos hasta situaciones más graves, plantea desafíos significativos para la seguridad y el bienestar de las personas en el espacio público.

Aunque el acoso sexual callejero ha sido un problema arraigado en la sociedad durante mucho tiempo, el debate sobre este tema ha ganado impulso en los últimos años. Pese a todos estos avances, las noticias más recientes sugieren que el problema persiste y requiere una atención continua. En respuesta al acoso callejero, han surgido numerosos movimientos activistas y campañas que buscan erradicar este comportamiento. La educación es fundamental en la prevención de este problema, como el desarrollo de programas educativos y proyectos de prevención que buscan cambiar las actitudes desde una edad temprana, fomentando el respeto mutuo y la igualdad de género.

La primera condena por acoso callejero tras entrar en vigor la Ley del Sí es Sí fue en junio del 2023. Un hombre de 60 años fue condenado por un delito leve de acoso sexual, por masturbarse en plena calle ante dos chicas, que le grabaron y subieron el video a las redes sociales para alertar a las personas que estuviesen por la zona. Se condenó al hombre a 30 días de localización permanente y a una indemnización simbólica de 100 euros por daños morales a cada víctima. Según recoge la sentencia, el condenado reconoció los hechos, alegando falta de conciencia y de recuerdo sobre los actos denunciados.

El acoso callejero no solo tiene repercusiones físicas, sino que también afecta la salud mental y emocional de las víctimas. Las secuelas psicológicas del acoso callejero son similares al del resto de violencias, este tipo de acciones produce en las personas afectadas miedo, estado de alerta, estrés e incluso un cambio de hábitos como la evitación de lugares, rutinas o modificar la forma de vestir.

No debemos olvidarnos en este capítulo de una de las mayores amenazas silenciosas en el mundo digital como es el ciberacoso sexual o ciberviolencia de género. Las nuevas tecnologías y las redes sociales han revolucionado la forma en que nos comunicamos, compartimos información y nos conectamos con el mundo. Sin embargo, este avance tecnológico también ha dado lugar a una oscura extensión del acoso sexual y la violencia de género, manifestándose a través de formas como el ciberacoso, *stalking*, *sextorsion*, *doxing* y otras prácticas perturbadoras.

Las plataformas de redes sociales, aplicaciones de mensajería y otros usos de la tecnología han dado lugar a una peligrosa vertiente que sirve como instrumento para ejercer violencia de género, especialmente entre los jóvenes, afectando principalmente a mujeres y menores. Estas plataformas se han convertido en vidas paralelas donde parece que existe una inmunidad para insultar, denigrar, amenazar y acosar, especialmente utilizando el sexo en sus diversas formas.

El ciberacoso sexual adopta diversas formas en España, muchas de las cuales están reguladas por el Código Penal. Algunas de las prácticas más comunes incluyen:

1. Ciberacoso o *Stalking*: se define como el acoso persistente y reiterado a través de medios electrónicos. El artículo 172 ter. del Código Penal establece penas de prisión de 3 meses a 2 años o multas de 6 a 24 meses. Si la víctima es especialmente vulnerable, la pena puede aumentar a 6 meses a 2 años de prisión.

2. Ciberacoso sexual o *Sexting*: el artículo 197.7 del Código Penal penaliza la difusión no autorizada de imágenes íntimas. Las penas pueden variar, y si la víctima es menor de edad, la sanción es más severa. Además, el *sexting* a menudo se asocia con la «sextorsión», donde se chantajea a la víctima con la amenaza de difundir imágenes íntimas.

3. Venganza pornográfica: la distribución de imágenes o videos sexualmente explícitos sin el consentimiento de la persona afectada. Este acto degradante se realiza por exparejas para avergonzar públicamente a la víctima como venganza.

4. *Grooming* o Ciberacoso sexual a menores: este fenómeno se centra en adultos que contactan a menores a través de la tecnología con intenciones sexuales. El artículo 183 ter. del Código Penal establece penas de prisión por estos actos, agravándose si se utiliza la coacción, intimidación o engaño.

La ciberviolencia toma un giro especialmente oscuro cuando se da entre parejas o exparejas. En muchos casos, se desarrolla como una extensión de un caso ya abierto por violencia «en la vida real». Sigue siendo violencia, aunque se dé a través del mundo virtual. Algunas personas que acuden a consulta y que han sufrido la violencia virtual relatan un estado constante de alerta, sensación de persecución por parte de sus parejas o exparejas a través del móvil. Preguntas aparentemente inofensivas sobre lo que están haciendo en ese momento, con quién están hablando, por qué están en línea... suelen alertarnos de una posible dinámica de acoso virtual. Muchas de las víctimas no identifican estas conductas como violentas y tardan en darse cuenta de las consecuencias psicológicas que acaban padeciendo. La violencia digital es muy peligrosa y puede llegar a extrapolarse al plano físico.

Las víctimas de ciberacoso suelen presentar dificultades en diferenciar lo que es acoso de lo que es amor. Los mitos del amor romántico juegan un papel fundamental en esta confusión al llegar a considerar esa insistencia como señal de interés y de amor por parte del agresor, «no quiere perderme y por eso actúa así».

La «venganza pornográfica» es una forma perversa de violencia digital, donde se distribuyen imágenes o videos sexualmente explícitos de una persona sin su consentimiento. Esto se suele llevar a cabo por exparejas como venganza por el fin de la relación. Sin embargo, los perpetradores no se limitan a parejas o exparejas, y los motivos no siempre son de venganza.

Según un estudio del Instituto Europeo de la Igualdad de Género, hasta el 90 % de las víctimas de la venganza pornográfica son mujeres, y esta cifra está en aumento. Sitios web dedicados a compartir este tipo de contenido han proliferado, lo que ha llevado a situaciones extremas, como el suicidio de las víctimas.

Otro tipo de violencia que aparece con frecuencia en las sesiones de terapia es la del envío de fotos sexuales sin consentimiento. Estos comportamientos suelen aparecer muy frecuentemente en aplicaciones de citas y afectan la confianza de muchos usuarios en la posibilidad de conocer a personas con quienes poder compartir un momento agradable, condicionando a estas personas de cara a futuros encuentros. Cada vez me encuentro con más personas que deciden no recurrir a las aplicaciones precisamente porque lo relacionan con comportamientos violentos como el de envío de fotos de contenido sexual o con actitudes sexistas, desprovistas de afecto.

El ciberacoso, también conocido como *stalking* digital, es un delito que se comete a través de internet o medios electrónicos, principalmente mediante teléfonos móviles en la actualidad. Estos delitos fueron incluidos en el Código Penal en 2015, por lo que son relativamente recientes en términos de regulación legal. Puede manifestarse de diversas maneras, incluyendo el seguimiento persistente y reiterado de una persona, la búsqueda de su cercanía física, el intento de establecer contacto a través de cualquier medio de comunicación, la adquisición indebida de productos o servicios utilizando datos personales, entre otros.

El ciberacoso sexual se encuentra regulado en el artículo 197.7 del Código Penal, castigando la difusión no autorizada de imágenes o grabaciones íntimas. Cuando este tipo de acoso se da entre cónyuges o parejas afectivas, la pena se agrava. Además, si la víctima es menor de edad o tiene alguna discapacidad que la hace necesitada de especial protección, las penas pueden ser más severas.

Por otro lado, el *sexting*, práctica de enviar mensajes, fotos o videos de contenido sexual, ha tomado un papel importante en este contexto. A menudo, los menores son víctimas de *sexting*, siendo amenazados con la difusión de estas imágenes si no cumplen con ciertas demandas del agresor. La «sextorsión» es un subconjunto de este fenómeno, donde se utiliza el material íntimo como chantaje para obtener favores, dinero o ventajas profesionales.

Otra modalidad de acoso virtual es el ciberacoso sexual a menores, conocido como *grooming*, un delito regulado en el artículo 183 ter. del Código Penal. Implica contactar a menores a través de tecnologías como internet o teléfonos móviles con la intención de cometer delitos de abuso sexual y/o pornografía infantil. Las penas varían según las circunstancias, agravándose si el acercamiento se realiza mediante coacción, intimidación o engaño.

El acoso sexual laboral, callejero, virtual y en sus diferentes formas representa una amenaza silenciosa que se ha arraigado en el mundo físico y digital. Combatirla implica una combinación de conciencia, educación, medidas preventivas y una legislación actualizada. Las plataformas digitales deben asumir su responsabilidad en la protección de sus usuarios, implementando medidas efectivas para prevenir y abordar la ciberviolencia.

La sociedad en su conjunto también desempeña un papel crucial al no tolerar, compartir ni propagar información que perjudique la integridad y dignidad de las víctimas. Denigrar a una persona no es humor, es un delito, y todos tenemos la responsabilidad de contribuir a un entorno digital más seguro y respetuoso.

En última instancia, el acoso sexual es un desafío que requiere la colaboración de individuos, instituciones y empresas para construir un entorno en línea donde la igualdad, el respeto y la dignidad prevalezcan sobre la oscuridad de la violencia.

5. Sexo esporádico y delitos sexuales

En enero del año 2023 saltó a los medios de comunicación que un exfutbolista del Barça había sido denunciado por violación.

Rápidamente revistas del corazón, deportivas y programas de televisión de tertulias ocuparon portadas y horas y horas de emisión para opinar acerca de los detalles del caso, que inexplicablemente se filtraron a diario desde el sumario protegido bajo secreto y permitieron a todo el mundo participar de un juicio paralelo en el que el deportista fue sentenciado y condenado por la opinión pública desde el minuto uno, sin respetar la presunción de inocencia.

Curiosamente se filtraron a la prensa solo los detalles que le incriminaban, le inculpaban y confirmaban su culpabilidad.

Solo cuatro meses antes en España se había aprobado la Ley Orgánica de Garantía integral de la Libertad Sexual, más conocida como ley del solo sí es sí. Dicho sea de paso, un error técnico puso de manifiesto que los políticos que forman parte del órgano legislativo de la nación, que es el Congreso de los Diputados, no necesariamente tienen conocimientos para redactar leyes, ni están obligados a seguir las recomendaciones de los letrados de la cámara, que sí los tienen. Por ello, las primeras consecuencias de esta ley fueron paradójicas ya que, inmediatamente tras su aprobación, se redujeron las penas de agresores sexuales que cumplían condena en las cárceles del país y muchos de ellos fueron excarcelados. El 15 de noviembre del 2022 se conocieron las primeras rebajas de penas por la aplicación retroactiva de la ley. Sus señorías, parlamentarios que formaron parte de la ponencia de la ley, permitieron con su redactado que, en noviembre del año 2023, un año después de su aprobación, 1233 abusadores sexuales se hubieran visto beneficiados por ella.

La nueva ley incluye importantes cambios en los artículos contra la libertad sexual recogidos en el Título VIII del Libro II del Código Penal. Elimina el Abuso sexual como tipo penal específico. No quiere decir que lo despenalice, sino que lo equipara al delito de agresión sexual. De esta forma, el artículo 178.1 CP castiga a aquel que «realice cualquier acto que atente contra la libertad sexual de otra persona sin su consentimiento». En este sentido, se entiende que hay consentimiento cuando se manifieste «libremente mediante actos que, en atención a las circunstancias del caso, expresen de manera clara la voluntad de la persona».

Como consecuencia, cualquier ataque a la libertad sexual se considera agresión sexual, independientemente de que medie violencia o intimidación o no. Sus señorías, parlamentarios de la cámara baja, aprobaron en abril del 2023 una reforma de esta ley que incorporaba la diferenciación de dos penas, una para la agresión sexual sin violencia o intimidación, y otra para cuando se den estas circunstancias, a fin de intentar paliar los efectos de equiparar ambos delitos.

Respecto al delito de violación, previamente a esta reforma, se requería que hubiese concurrido siempre violencia o intimidación, ya que la violación se configuraba como un tipo agravado del delito de agresión sexual. Sin embargo, con la ley del solo sí es sí se ha establecido una única pena para el delito de violación, con independencia de que hubiera violencia o intimidación, o ninguna de ellas. Igual que con el delito de Agresión Sexual, la Ley Orgánica 4/2023 reformó este delito, diferenciando la pena en función de si existe o no violencia o intimidación.

La Ley incorpora los agravantes de haber empleado sustancias para anular la voluntad de la víctima, haciendo referencia a la sumisión química, y también cuando la víctima es mujer y es o ha sido pareja del agresor sexual. También incorpora como delito la difusión de imágenes íntimas y las coacciones en redes sociales.

En estos debates estaba España entre los años 2022 y 2023, viendo excarcelar a violadores y debatiendo en el Congreso de los Diputados cómo se arreglaba el entuerto judicial que estaba dando lugar a excarcelaciones de abusadores sexuales reincidentes y confesos, cuando el deportista fue detenido bajo la acusación de violación y encarcelado para evitar el riesgo de fuga.

El debate que ha abierto esta ley está relacionado con el hecho indudable de que una mujer tiene derecho a mantener relaciones sexuales solo cuando dice sí explícitamente. Con el derecho a iniciar una relación sexual e interrumpirla en cualquier momento por el motivo que sea. Y con la dificultad de acreditar esa ausencia de consentimiento en un espacio donde no hay testigos y solo se puede tener en cuenta la palabra del uno contra la del otro y evaluar su credibilidad en base a otros elementos previos y posteriores a los hechos que se juzgan. Y, aun recordando que el sistema penal se basa en demostrar la culpabilidad del acusado, la corriente de opinión actual suele creer a la denunciante mientras el acusado debe demostrar su inocencia, invirtiéndose la carga de la prueba.

Y no solo se debe demostrar que se consintió la relación antes de empezar, sino también que cuando se finalizó seguía habiendo ese consentimiento y sin confundirla con elementos relacionados con la satisfacción del acto sexual.

La dificultad radica en que, cuando se trata de intercambios sexuales esporádicos, entre personas que se acaban de conocer, con frecuencia con consumo de alcohol por ambas partes, las posibilidades de no entenderse y no satisfacer las expectativas de la otra parte son casi todas. Y la falta de afectos puede llevar a la deshumanización de la otra parte en la relación. Si a esto le sumamos la escasa educación sexual en una sociedad donde hace tan solo 50 años se distinguía entre las obligaciones del matrimonio y el fornicio, en la que las relaciones sexuales se mantenían cuando el hombre las requería y ni hombres ni muchas mujeres sabían lo que es un orgasmo femenino ni cómo llegar a él, las posibilidades de que el sexo con un desconocido haga sentirse utilizada pueden llegar a ser muchas. Y donde fuera del pequeño grupo que es Occidente todo esto sigue estando a la orden del día.

En este tipo de relaciones se ha visto un tremendo auge de las denuncias por agresiones sexuales y violaciones en los últimos años. No hace demasiado tiempo los jóvenes, y no tan jóvenes, conocían a sus posibles parejas sexuales y sentimentales en los bares. A menudo eran los amigos de un amigo, y no era infrecuente que en el ritual del cortejo ellos invitasen a beber a las chicas. Nuestras madres nos explicaban esas tácticas de las que ellas también habían sido objeto en los guateques y alertaban que tuviéramos cuidado con lo que podían ponernos en las copas, de que los chicos querrían emborracharnos para aprovecharse de nosotras, que tuviésemos cuidado con los chicos más mayores y por supuesto que no se nos ocurriese irnos con desconocidos ni en sus coches ni a sus casas. No había ninguna duda sobre cuál era su intención si te hacían estas propuestas, y para evitar malos ratos (y que le tomasen a una por una cualquiera) había que ser precavida y evitarlo.

Parece que estoy hablando del pleistoceno, pero solo hablo de una adolescencia cualquiera en la España de los ochenta. Ahora se liga en Tinder, en Bumble, en Badoo, en Meetic, en mil más *apps* del estilo. Muchos buscan amor, aunque la impaciencia, las prisas, la impulsividad hacen que la quimera que muchos buscan sea una química inmediata, que se rompe al descubrir que la realidad es diferente a las fotos con mil filtros del perfil o que tiene más años, menos pelo y más barriga que la foto juvenil que colgó. Después de haber compartido fotos subiendo al Himalaya, yendo en yate, del viaje a Tailandia, haciendo escalada o conduciendo un Ferrari, habitualmente, la realidad tiene mucho menos *glamour.*

Con más frecuencia, tanto si se anuncia que se busca amor, como si se quiere «algo casual», la expectativa real, al menos de una de las dos partes, con frecuencia, es intercambiar sexo. Y como decimos, las posibilidades en estas relaciones entre desconocidos, de que se den lugar a malentendidos y de que campen a sus anchas las malas intenciones en los que las tienen, son casi todas.

Los casos de hombres denunciados tras haber tenido contactos sexuales con mujeres a las que se ha conocido en las aplicaciones de citas o en las redes sociales van en aumento.

La Srta. Y. y el Sr. J. se conocieron en el mes de abril del año 2021 en Tinder. Tuvieron unas conversaciones con elevado contenido sexual con una intencionalidad clara de mantener relaciones sexuales y una manifestación explicita de ambos para querer tenerlas. En la denuncia de Y. a J. por agresión sexual se relata que:

> «(...) previamente le había dicho que no había comido nada (…)», «el ahora denunciado sacó un recipiente con almendras», «(…) la denunciante recuerda haber bebido, entre los dos, una botella de vino y haber descorchado otra, la dicente afirma estar acostumbrada a consumir alcohol y sus efectos no suelen afectar de la manera que lo hizo» (…) «la declarante accedió a pernoctar en el domicilio por haber pasado el toque de queda (por la pandemia de Coronavirus) y porque no se encontraba en buenas condiciones como para conducir dejando muy claros los extremos anteriores» (…) «La denunciante se despertó al notar cómo estaba siendo penetrada vaginalmente por el ahora denunciado, recuerda que apenas duró unos segundos, si bien el ahora

> denunciado le indicó que se iba a poner preservativo para que no ocurriese lo de anoche. La declarante se sintió bloqueada, no pudo reaccionar y no fue capaz de decir nada al ahora denunciado» (…) «Al día siguiente recibió varios mensajes de whatsapp» (…) «la denunciante le hizo saber que ella no recordaba ninguna de las dos relaciones sexuales anteriores y que la última tampoco consintió y no se resistió porque quedó bloqueada» (...) «se asombra por la imposibilidad de recordar los actos sexuales referidos cuando se le explicitó al denunciante que no habría sexo» (…)»La declarante quiere dejar constancia de que ella nunca deseó ni participó activamente en ningún tipo de acercamiento o relación sexual con el ahora denunciado (…)» «quiere dejar constancia de que tiene mucha tolerancia al alcohol (…)».

La Srta. Y. refiere haber desarrollado un Trastorno de Estrés Postraumático tras aquel encuentro, y refiere haber incrementado su consumo de alcohol y tabaco a consecuencia de los hechos mencionados.

Por la mañana él le había dicho que tenían que irse de la casa, porque él tenía una excursión familiar. Ella refiere haberse sentido utilizada, transmitiendo un intenso sentimiento de malestar, consciente de que, tras haber compartido su intimidad con él, esperaba otro tipo de trato. Reconoce un elevado consumo de alcohol habitual con sensación de control, y con algunas lagunas de memoria ocasionalmente, tal como le sucedió esa noche.

Dado que este caso aún no ha sido juzgado, deberemos esperar a conocer la decisión del magistrado respecto a la culpabilidad o no de J. y su valoración sobre la capacidad con que Y. consintió o no los hechos.

Un estudio sobre Tinder revela que el 22 % de las usuarias sufrió una agresión sexual con violencia en las citas. La misma investigación afirma que un 70 % de las mujeres que utilizaron este servicio de citas se ha sentido presionada para mantener relaciones sexuales. También se ha detectado que esta app se utiliza como lugar de captación de mujeres para la prostitución. Los autores del estudio, la Federación de Mujeres Jóvenes, alertaron de que la más preocupante de sus conclusiones fue que al inicio de las entrevistas a casi mil mujeres, más del 86 % de ellas aseguró no haber sufrido ningún tipo de violencia sexual. Solo al preguntar cuestiones concretas pudieron descubrir las conductas de agresión que ellas no consiguieron identificar como tales. Entre ellas, sentirse tratada como un objeto, referido por el 48 %, el 33 % quiso parar la relación y el hombre se enfadó, el 27 % vivió situaciones violentas durante el sexo como ahogamientos o tortazos y el 29 % fue presionada para realizar prácticas que no quería. Además, un 27 % fue penetrada sin preservativo sin su consentimiento y en un 28 % de los casos el hombre siguió la relación pese a que ella le había dicho que le hacía daño. Un 27 % trató de grabarla sin su consentimiento. Un 33 % quiso parar, pero él continuó la práctica. Un 21 % respondió afirmativamente a «se quitó el preservativo cuando ella no se dio cuenta». Un 79 % de las mujeres se sintió violentada por peticiones de fotos de desnudos, y un 69,3 % por llamadas a mantener «sexting» o sexo telefónico. Más del 63 % de las mujeres aseguran que les preguntaron si era sumisa y más del 50 % se ha sentido presionada para admitir prácticas de dominación sexual. En estas aplicaciones se encuentran también formas de prostitución encubierta, y el 72 % de las mujeres refieren haber visto perfiles que les ofrecen dinero o regalos para quedar.

No se han analizado las vivencias de los hombres con los que ellas tuvieron esas vivencias de agresión, si efectivamente las cosificaron y tuvieron sexo con ellas vulnerándolas intencionalmente o si puede que los patrones normalizados en las conductas sexuales de nuestra sociedad sigan convenciones que hoy en día las mujeres ya no aceptamos.

Con esta información y estos porcentajes tan elevados y preocupantes respecto a las conductas sexuales violentas, Tinder ha incorporado a la aplicación funcionalidades de seguridad para identificar situaciones delictivas dentro y fuera de la plataforma.

Otro caso para el que sí se conoce ya la sentencia fue el del Sr. D., de 32 años, y la Srta. C., de 21. Ellos se conocieron en Instagram, y quedaron para salir a tomar algo. Estuvieron bebiendo, tal como quedó constancia en las cámaras del bar donde fueron. Luego fueron a casa de él. Tuvo un accidente al aparcar el coche y lo rayó. Y después de una hora, él la llevó a su casa, donde pudo entrar activando una clave numérica. Antes de acostarse puso la ropa a lavar. Por la mañana ella dijo no recordar nada de la noche anterior. La madre se había preocupado por no haberla podido despertar durante la noche. Al levantarse, su madre le dijo que fuera al hospital. Le hicieron un test de drogas en orina que fue positivo para barbitúricos. Ante sus sospechas, solicitaron un estudio ginecológico que encontró restos de semen que en estudios posteriores se demostró que era compatible con el ADN del Sr. D. Le repitieron el test de drogas, esta vez con un método más fiable, y fue negativo para barbitúricos y positivo para ibuprofeno. En este caso, la Srta. C. es una chica responsable, obediente, estudiosa, que nunca se iría con un desconocido, con lo que la única explicación posible para su familia es que todo esto hubiera sucedido tras haberla drogado y violado. Con lo que el Sr D. fue denunciado por estos hechos.

Argumentó padecer un Trastorno de Estrés Postraumático desencadenado por los sucesos de aquella noche. Este es un diagnóstico que implica que su causa ha sido la exposición a una experiencia límite que representa una amenaza para la vida. Sin embargo, la Srta. C. decía no recordar nada de lo sucedido y lo que ella identificaba como experiencia traumática era la sensación de falta de control durante ese periodo y la certeza de haber sido violada, reconstruida tras encajar las piezas y reinterpretar lo que no recordaba. Pese a que el test de drogas fue negativo para barbitúricos, para ella, su familia, su abogado y los peritos que había contratado ella había sido víctima de sumisión química al haber recibido los barbitúricos y había sido forzada a tener relaciones sexuales mientras se encontraba en ese estado. Sin embargo, dos años y medio después el Sr D. fue absuelto del delito de violación al no poder probarse que la relación sexual no hubiera sido consentida ni tampoco la existencia del mencionado Trastorno de Estrés Postraumático.

En la consulta hemos tenido recientemente el caso de otro chico que fue acusado por agresión sexual y que el juez desestimó por inverosímil. Requirió tratamiento para abordar las secuelas traumáticas del momento de la detención. Quedó marcado cada vez que escuchaba una sirena de policía o conectaba con el frío que pasó en la celda y con los gritos que venían de los otros presos de la comisaría.

Las denuncias por agresión sexual entre deportistas son, hasta cierto punto, frecuentes.

En el año 2022, Mason Greenwood, la joven promesa de 22 años del Manchester United, fue detenido por las graves acusaciones de su novia, la *influencer* Harriet Robston, que publicó en su perfil de Instagram una serie de fotos, videos y audios alarmante, incluida una imagen en la que su labio sangraba mucho y otras en las que enseñaba moratones en la cara, en el tórax y en los muslos y explicaba que la había forzado en varias ocasiones a tener relaciones sexuales.

Nike anunció su ruptura con el futbolista Neymar Jr. por no cooperar en la investigación de la denuncia de una empleada de la firma que aseguró haber sufrido una agresión sexual por parte del jugador. La estrella del PSG habría intentado obligar a una empleada de Nike a realizarle sexo oral en una habitación de un hotel, durante un evento de *marketing* en Nueva York, en hechos ocurridos en 2016. Neymar ha sido involucrado en fiestas con prostitutas en numerosas ocasiones. En 2019, una modelo le había acusado también de haberla violado en un hotel de París. El delantero reconoció haber mantenido relaciones sexuales con la joven, pero sostuvo que habían sido consentidas y la justicia brasileña, tras petición de la propia Fiscalía, archivó el caso por falta de pruebas y por contradicciones en la versión de la víctima, investigada a su vez por posible denuncia falsa y extorsión.

En 2009, Cristiano Ronaldo fue acusado por la modelo estadounidense Kathryn Mayorga de violación anal en un hotel de Las Vegas. En 2010, firmaron un acuerdo confidencial, en el que se reconocía su inocencia y se retiraban los cargos. Nueve años después, la denunciante volvió a ponerse en contacto con la policía para que se reabriera el caso alegando la persistencia de trastornos psicológicos y solicitando anular el primer acuerdo por las presiones a las que se vio sometida. También reclamaba el pago de una indemnización mucho más cuantiosa, unos 200 millones de dólares. En 2019, la justicia estadounidense decidió no emprender acciones legales por vía penal por falta de pruebas.

El exjugador del Real Madrid y del Milán Robinho fue condenado en 2017 a nueve años de cárcel y a pagar una multa de 60.000 dólares por la violación en grupo de una mujer albanesa de 23 años, en una discoteca de Milán, en el año 2013. Pese a la condena, no entró en prisión. Ha conseguido eludir la pena porque no ha vuelto a Europa y la constitución brasileña prohíbe la entrega de sus ciudadanos a autoridades extranjeras, con lo que no contempla la extradición en estos casos.

La prostitución, habitual en los entornos del fútbol de élite, y las relaciones sexuales con las fans pueden llevar a cosificar las relaciones sexuales que mantienen esporádicamente con mujeres que no perciben dinero por ello y de las que ellos presuponen un consentimiento que, como vemos, puede no siempre serlo.

No solo los futbolistas son acusados de delitos sexuales. El final del 2023 se ha visto marcado por las denuncias de 13 mujeres al actor Gerard Depardieu por acoso y agresión sexual. Rápidamente 56 personalidades de la cultura francesa han salido en su defensa, entre otros, la actriz Victoria Abril, que consideró las acusaciones hacia su compañero de profesión como «un linchamiento». A continuación, otra actriz, compañera de Victoria Abril en la serie *Clem*, Lucie Lucas ha roto su silencio confesando que a menudo en los platós suceden cosas terribles de las que nunca se habla y aprovechó para acusarla de sus repetidas agresiones a los compañeros, incluidas las sexuales.

Esta acusación ha roto la categorización de que los agresores son invariablemente hombres y las víctimas de los asaltos sexuales mujeres, y pone de manifiesto la frecuencia con la que los encuentros sexuales ocasionales se pueden dar en el ámbito laboral en contextos de acoso y/o abuso de poder. Paralelamente ha cuestionado la credibilidad de las acusaciones recordando la importancia de demostrarlas siempre garantizando el derecho a la presunción de inocencia, habitualmente olvidado cuando las acusaciones saltan al papel *couché*, a las redes sociales llenas de opinadores o llegan a los programas del corazón televisivos.

En nuestro medio, otro acusado con cierto renombre pendiente de dos juicios por agresiones sexuales es el exdirector de la radio pública catalana, Catalunya Radio, que se enfrenta a las denuncias de dos de sus empleadas. El juez ha cerrado la investigación y ha concluido que existen suficientes indicios para sentarle en el banquillo por manosear a una de sus trabajadoras sin su consentimiento durante una cena de Navidad que tuvo lugar el año 2022. Lo que se dirimirá en ese juicio es qué hay de cierto en el grado de consentimiento con el que se desarrolló el encuentro sexual, si es que lo hubo, y cuál de las dos versiones de los hechos se ajusta más a los mismos.

Según la denuncia, estando en la barra, se acercó a la trabajadora, y sin dirigirle la palabra comenzó a tocarle por encima de los pantalones, dirigiendo su mano hacia la vagina de ella, no alcanzando a tocarla de manera directa al impedírselo la ropa que ella llevaba y sin que la empleada hubiera llevado a cabo ningún gesto, comportamiento o palabra que pudiera dar pie a Gordillo a desarrollar sus tocamientos. Según la víctima, continuó el manoseo hasta conseguir introducir su mano por una pernera del pantalón corto de la trabajadora, que era por aquel entonces subordinada suya.

Esa misma noche, el exdirector llevó a cabo otra presunta agresión sexual hacia otra periodista de medio que en aquel momento dirigía, que también ha sido objeto de denuncia. En este caso, se ofreció a llevar a casa en su coche a una redactora y ella se despertó en el interior del vehículo mientras su superior la estaba agrediendo. En el análisis de sangre se detectaron benzodiacepinas, que la víctima niega haber ingerido, por lo que, en este caso, Gordillo se enfrenta además al agravante de sumisión química.

Los vaticinios alertan que este año 2024 será en el que la inteligencia artificial dará un giro a nuestras vidas. En sus inicios hemos sido conocedores de que la policía británica está investigado la denuncia de una menor por un caso de violación múltiple ocurrida en el metaverso. En concreto, el espacio donde se habría producido la agresión sería en un videojuego de realidad virtual, el *Horizon Worlds*, creado por Meta.

Los jugadores se equipan de unas gafas, auriculares y sensores especiales para experimentar una mayor inmersión y poder acceder a ese espacio virtual. La joven víctima, de 16 años, denuncia que su avatar sufrió una agresión grupal por parte de un grupo de desconocidos adultos que estaban en línea en ese momento.

La legislación británica considera que para tratarse de una violación debe haber habido violencia, intimidación y contacto físico. Aunque no la tocaron a ella ni a su cuerpo, se puede considerar que el impacto psicológico a consecuencia de lo ocurrido es absolutamente equiparable al de alguien que ha sido agredido físicamente.

Estos ataques sexuales en estos nuevos espacios plantean un tremendo desafío, dado que la legislación actual no está preparada para ello, lo que hace imprescindible actualizar las leyes para proteger especialmente a los menores de ser víctimas de depredadores sexuales.

6. Mujeres víctimas de trata

Los delincuentes que captan hombres y mujeres en todo el mundo para la trata de personas buscan la manera de hacerse con su confianza antes de atraparlas en una espiral de destrucción de la que les es muy difícil salir.

Una persona carismática y sonriente se acerca a una mujer, habitualmente en estado económico y social comprometido. Le expresa sus buenas intenciones y dice preocuparse por su bienestar. Entonces busca maneras para ayudarla a solucionar los problemas que la inquietan, ofreciéndole la oportunidad perfecta para mejorar sus condiciones de vida y la convence para aventurarse a otra ciudad u otro país. Sin embargo, aunque ella le considera su amiga, es una captadora, una delincuente que pretende convertirla en una más de las miles de víctimas de la trata de personas que hay en el mundo. Y a menudo, es otra mujer.

Las máscaras de esa amistad son diversas: un trabajo en una actuación, en el mundo de la moda y la pasarela, cuidando niños, o como acompañante de eventos, con elevados salarios que superan las expectativas de la víctima, con facilidades para el viaje y los trámites de la visa, pasaporte y hospedaje.

El captador puede adaptarse a diferentes papeles según lo que las circunstancias de la víctima requieran para seducirla, pero tienen en común su carácter encantador, persuasivo y locuaz y todos ellos se acercan con soluciones a todos los problemas y deslumbrantes oportunidades de ganar grandes cantidades de dinero rápidamente.

Aunque la historia se repite en cada caso, cada día en diversas partes del mundo, mujeres, mayoritariamente, caen en la trampa de esas promesas, habitualmente, por encontrarse en una situación precaria de la que desean salir.

Según el Balance Estadístico 2022 sobre Trata y Explotación de Seres Humanos en España, elaborado por el Centro de Inteligencia contra el Terrorismo y el Crimen Organizado (CITCO), adscrito a la Secretaría de Estado de Seguridad del Ministerio del Interior, solo en el año 2022, La Policía Nacional y la Guardia Civil liberaron a un total de 1180 víctimas de redes de trata y de explotación sexual o laboral, entre ellas 26 menores. Este balance es el resultado de 304 operaciones que desembocaron en la detención de 693 personas y la desarticulación de 78 organizaciones y grupos criminales. También se llevaron a cabo más de 7600 inspecciones administrativas a locales dedicados a la prostitución y a centros de trabajo.

Del número total de víctimas, 229 fueron captadas por redes criminales organizadas de trata de seres humanos, que se ocupan de la sustracción de una persona de su entorno habitual, mediante engaño, violencia o abuso de una situación de vulnerabilidad, con fines de explotación sexual o laboral. El perfil mayoritario es el de mujeres de entre 23 y 27 años procedentes de Colombia, Paraguay y Venezuela.

Las operaciones policiales llevadas a cabo en el ámbito de la trata y explotación sexual culminaron con la desarticulación de 53 grupos y organizaciones criminales y la detención de 402 personas, la mayoría de nacionalidad española. A diferencia del tráfico de personas, la trata no termina una vez las víctimas llegan a su destino o cruzan una frontera, sino que es una situación que puede tardar años y dejar heridas físicas y emocionales profundas. Una vez llegan al país de destino, se les acostumbra a retirar el pasaporte y se les informa en qué va a consistir su trabajo real. En ese momento también son informadas de la deuda que han adquirido con los responsables de la red, y que, para abonar la misma, todos los trabajos que realicen con los clientes serán cobrados íntegramente por los responsables de los locales hasta saldar la deuda.

Por ejemplo, en febrero de este año 2023 fueron liberadas en Garrapinillos, un barrio de la ciudad de Zaragoza, seis mujeres víctimas de la explotación sexual. Las víctimas habían sido captadas en países de Sudamérica ofreciéndoles trabajo como camarera de bar o *scort*.

Sin embargo, cuando llegaron al aeropuerto, se les llevó directamente a un local y se les informó que no iban a poder salir de allí si no era con permiso, y no iban a poder relacionarse con nadie ajeno a su trabajo, estando permanentemente controladas por los responsables de la red. Las víctimas, ante la deuda económica contraída, no tenían otra salida que ejercer la prostitución, encontrándose incluso con miedo, ya que la responsable del local continuamente les decía que, al encontrarse en situación irregular, si efectuaban salidas y eran identificadas por la Guardia Civil, las deportarían.

Para llevar a cabo la actividad, la organización guardaba fuertes medidas de seguridad, como el control visual por cámaras de videovigilancia, un perro de raza peligrosa para guardar el inmueble, o el traslado de las chicas por los propios integrantes de la red, estando todo el tiempo acompañadas por ellos. Cuando se procedió a las detenciones se pudo comprobar que estas mujeres apenas salían del establecimiento y que sus pasaportes tenían números correlativos, así como la misma fecha de entrada en este país, estando todas ellas en situación irregular. Cabe destacar que una de las víctimas se encontraba enferma, muy demacrada y, a pesar de eso, la obligaban a seguir trabajando.

Detrás de las cifras se esconden nombres y apellidos de mujeres con historias de intenso sufrimiento.

El Ayuntamiento de Barcelona cuenta con una unidad de atención a víctimas de explotación sexual que atendió, solo en el año 2021, a 229 personas. Zaida (nombre ficticio) fue liberada de una red que la había traído desde Nigeria. Aunque ya puede conciliar el sueño, después de años de noches en vilo, necesita medicación. Aceptó el trabajo en Europa con la esperanza de poder ganar dinero para ayudar a su padre, enfermo del corazón. Aunque solo tiene 22 años, parece tener muchos más. Habla poco y pese a los tratamientos psicológicos y psiquiátricos y los cuidados de la casa de acogida donde vive con otras chicas, víctimas también como ella de diferentes tipos de maltrato, sigue teniendo mucho miedo. Como ella, el 40 por ciento de las víctimas de trata requieren asistencia psiquiátrica, sobre todo por trastornos causados por el estrés como la ansiedad grave, el estrés postraumático u otros trastornos afectivos. Muchas chicas necesitan también volver a aprender a vivir sin drogas cuando son liberadas, porque se han enganchado al crack o a la heroína para soportar el sufrimiento y las humillaciones de su vida sin pensar, y sin ser del todo conscientes del daño.

Las pacientes atendidas en esta unidad barcelonesa son derivadas al servicio de psiquiatría del Hospital Vall d'Hebrón, que cuenta con una unidad de psiquiatría transcultural. A pesar de la adaptación a su idioma de origen y contar con mediadores culturales, a las chicas no siempre les es fácil aceptar que padecen una patología psiquiátrica y que tienen que ser atendidas por especialistas en salud mental.

Zaida pudo desvincularse de la red criminal, según explicaba, gracias a que un líder espiritual de su país rompió el vínculo que la ataba a esa organización. Además de amenazarlas con explicar a sus familias lo que estaban haciendo como si fuera algo voluntario, y con represalias hacia su familia en caso de no saldar la deuda, es habitual que las «aten» a estas redes mediante rituales de vudú. Ella estaba convencida de que, si escapaba, le ocurriría algo malo a ella o a su familia.

Hay otra dificultad para salir de las redes de trata y es no tener a donde ir. Si volvía a su país, ya no iba a tener a donde hacerlo, y menos iba a poder explicar lo que le había pasado, porque sería automáticamente rechazada y repudiada. Sin dinero y sin apoyos en el país, no hay alternativa a seguir ejerciendo la prostitución.

Se estima que, en los últimos 30 años, 30 millones de mujeres han sido víctimas de trata de seres humanos a nivel mundial, un lucrativo negocio que mueve cerca de 5000 millones de dólares anualmente y que en España solo se tipificó como delito en 2010, aunque pocas de las víctimas se atreven a hablar en voz alta del infierno que han vivido.

Marcela estudiaba Derecho en Sao Paulo y no podía costearse los gastos. Una «conocida» le ayudó con el papeleo para venir a España para trabajar como limpiadora. La llevaron primero a Portugal, y de ahí a Sevilla y a Madrid. Consiguió salir de la red tras un año de palizas, amenazas y coacciones, y de obligarla a prostituirse y a consumir drogas y alcohol. Fue rescatada gracias a las mediadoras sociales, profesionales que se dedican a rastrear los lugares donde se las esconde. Muchas de ellas son víctimas rehabilitadas que trabajan para oenegés. Nadie mejor que ellas sabe cómo funciona ese mundo.

Testimonios como el de Marcela y el de Zaida se entremezclan con otros más sangrantes como el de Rosa, una joven paraguaya entregada a una red de prostitución por su propia familia. Con 17 años viajó con su prima a Madrid, donde ya estaban sus tías, que les prometieron un buen trabajo nada más llegar... pero ellas no sabían a qué se dedicaban ni qué planes tenían para ellas. Cuando se enteraron de a qué se dedicaban y se negaron, las encerraron en un sótano del que no pudieron salir en 6 meses. Al ser menor de edad, a ella solían mantenerla oculta, mientras a su prima le forzaban a acostarse hasta con 40 hombres al día.

Las redes no solo traen mujeres a Europa. También operan moviendo mujeres entre países latinoamericanos. Explicaba Laura (nombre ficticio) cuando fue liberada de una red que esclavizaba y prostituía colombianas en Chile, que lo más peligroso era que «tenían que atender aberrados», hombres que les obligaban a practicar actos sexuales cada vez más perversos.

Las víctimas eran obligadas a grabar videos y a fotografiarse desnudas y en posiciones sexuales, supuestamente como apoyo a un catálogo virtual que la organización ofrecía en plataformas virtuales, pero luego esas imágenes se convertían en el soporte de extorsiones en caso de huir de la organización. Explicaba Laura que «lo hicieron varias veces, incluso se las enviaron a la hija de... y así la niña descubrió lo que hacía la mamá en Chile... fue muy triste».

Pese a que algunas mujeres llegaron a saldar la deuda, ni con la deuda saldada con las propinas que dejaban algunos clientes y que debían esconder de las cámaras de seguridad, les dejaron marchar.

En el caso de esta red desmantelada en Chile, estaba integrada por una familia de criminales. La matrona era la abuela, una mujer con antecedentes penales por el mismo delito y en la misma ruta Colombia-Chile. Su hija y nietos cumplían sus órdenes, y no aceptaron los delitos imputados por la Fiscalía, pese a la evidencia de las pruebas.

Aunque el estereotipo es que los traficantes de mujeres son hombres, en las redes están integrados criminales de ambos sexos con roles bien definidos.

Según las fuentes policiales, los perfiles de los criminales que se dedican al proxenetismo y a la trata de personas son muy variados. Los que pertenecen a mafias especializadas suelen ser personas que provienen de ambientes marginales, con bajos recursos y que han convivido con la violencia día a día. Tienen tan interiorizada la práctica violenta que no se plantean si lo que están haciendo está bien o está mal. Suelen ser personas con escasa autoestima, que han entrado de muy jóvenes en estas mafias y que, a menudo, tienen problemas relacionados con las drogas.

Suelen tener una imagen bastante negativa de la mujer, muchas veces asociado al abandono que han sufrido por parte de sus propias madres y de la violencia en el seno de la familia en la infancia, «Están acostumbrados a ver a las mujeres como objetos, incluso como seres débiles que se merecen lo que les está pasando. Ni siquiera se plantean que se merezcan respeto como seres humanos. Además, el dinero que les reporta la explotación sexual es un incentivo muy fuerte para ellos. Han vivido toda la vida privados de lo más básico y creen que tienen "derecho" a utilizar a las personas para conseguir lo que la vida les ha negado».

Aunque tratan a las mujeres con una absoluta deshumanización, como si fueran objetos sin sentimientos ni voluntad, sí muestran un alto nivel de lealtad con los propios compañeros de la mafia que para ellos es la familia que no han tenido. «Se protegen hasta el extremo y tienen un código de honor muy rígido. Se dejarían matar por el compañero, pero no dudarían en asesinarle si piensan que ha roto este código».

Por ello, comentan estas fuentes, son personas especialmente peligrosas. «Son personas violentas, con escasa formación moral y que son capaces de lo que sea por conseguir sus objetivos. Una auténtica bomba de relojería».

Los integrantes de esas mafias suelen ser de la misma nacionalidad que las víctimas. Los del país receptor no suelen participar en el reclutamiento activo de las chicas, sino que participan en la organización como propietarios y encargados de los locales donde se lleva a cabo la explotación sexual. Aunque saben el calvario que sufren las chicas, para ellos son meros objetos, pero no lo denuncian porque les es rentable y las ven como una pieza necesaria para mantener su negocio.

En tercer lugar, están los proxenetas que se encuentran en contacto directo con ellas y se dedican a explotarlas, en la calle o en los pisos y locales donde están recluidas. Aunque los malos tratos son frecuentes, suelen establecer una relación más «cercana» con las mujeres mediante la que, en un inicio, suelen intentar convencerlas de que sin ellos están perdidas y que, si tienen que pegarles en algún momento es por culpa de ellas, por su desobediencia y porque no les quedaba más remedio.

Un caso especialmente llamativo es el de las mujeres implicadas en las mafias de trata, que suelen ser las más sádicas y crueles. Las fuentes policiales consultadas remarcan que, «si los hombres destacan por su relación violenta con las víctimas, las mujeres los superan con creces en crueldad y sadismo, suelen haber sido víctimas ellas mismas de abusos y lejos de empatizar con las mujeres, pagan su frustración con ellas. Son muy frías y carecen completamente de escrúpulos. Saben que para sobrevivir en un mundo tan machista, tienen que ser más agresivas que ellos».

Aún más perversos y desoladores son los casos en los que las víctimas de explotación sexual son menores de edad y, aunque muchos de ellos son víctimas de las mafias, durante los últimos años se ha producido un alarmante incremento de niños que son prostituidos por sus propios padres. Las madres suelen ser responsables de este tipo de delitos que a menudo se inician fotografiándoles desnudos y vendiendo sus fotos por internet como si esto no tuviera un impacto en ellos.

> «A menudo estas mujeres no han desarrollado un instinto maternal, en muchas ocasiones ligado a la depresión postparto. Son, en consecuencia, señoras con problemas psicológicos o relacionados con las drogas que no han desarrollado una relación sana madre-hijo. Aunque hay casos en los que la madre era perfectamente consciente del mal que realizaba, en muchos casos ni siquiera podía distinguir el mal que estaba realizando. No eran conscientes, sobre todo aquellas que se dedicaban a vender fotografías o videos, del trauma que podían estar causando a sus hijos. Este tipo de perfil corres-

ponde más al de una persona mentalmente enferma que al de un sádico», defienden.

Además, por desgracia en el s. XXI hay formas más sofisticadas de proxenetismo que tienden a escapar de la acción de la justicia. Una de las últimas es el *Lover Boy.* Un joven guapo y sofisticado que seduce a adolescentes de zonas económicamente deprimidas que se casa con ellas y luego las obliga a prostituirse. Y mientras explota sexualmente a una ya está conquistando a otra a la que le espera el mismo destino.

Ellas suelen aceptar «por amor» y para cuando se dan cuenta de la situación y se vuelve insostenible, suele ser ya demasiado tarde.

Se trata de un fenómeno mundial que va en aumento. Como dato, la Oficina Federal de la Policía Criminal de Renania Westfalia (Alemania) señala en su informe del año 2017 que este método se utilizó en todo el país para la explotación sexual de más de una cuarta parte de las víctimas de trata de seres humanos.

En el 2019 se publicó el caso de una mujer originaria de Rumanía que se presentó en el Juzgado de Violencia sobre la Mujer número 2 de Gran Canaria dando por supuesto que nadie iba a creer su relato. Explicó a la magistrada que su marido, rumano como ella y con quien había iniciado una relación sentimental cuando era menor, le había traído a España con la promesa de una vida mejor. Una vez aquí le quitó la documentación y la obligó a prostituirse, y la sometió a todo tipo de maltrato físico y psicológico si no le proporcionaba una cantidad determinada de dinero.

Tuvieron un hijo y él se lo llevó a Rumanía. Ella se quedó en Canarias y él solo le dejaba verlo por Skype si había satisfecho previamente una cantidad de entre 500 y 1000 euros semanales. La situación llegó al límite cuando ella se enteró de que el marido iba a venderla a una mafia suiza porque «estaba usada» y ella confesó a la jueza que «prefería morir en Canarias que en otro lugar y sin que su familia llegara a saber nada de ella».

En este caso la magistrada inició el procedimiento en el marco legislativo de la violencia de género, dado que la víctima mantenía una relación sentimental con el agresor y dado que esta legislación le proporcionaba un marco de protección mayor. Dictó una orden de detención contra el proxeneta, imputándole los delitos de prostitución coactiva, trata de seres humanos y maltrato habitual y psicológico. Además, suspendió la patria potestad. En este caso hubo un final feliz, dado que se detuvo al *lover boy* en Rumanía y el niño fue devuelto a su madre, quien abandono la prostitución.

Un grupo de investigadores de la Unidad de Psicología Forense de la Universidad de Santiago de Compostela publicaron en el Congreso Internacional de Psicología Jurídica un estudio en el que evaluaban el perfil de los acusados por prostitución coactiva y trata con fines de explotación sexual.

La trata de seres humanos y el tráfico de migrantes son dos fenómenos próximos, pero con características diferentes. Tanto el tráfico ilícito de migrantes, como la trata de personas entrañan el movimiento de seres humanos para obtener algún beneficio. Sin embargo, en el caso de la trata deben darse dos elementos adicionales con respecto al tráfico ilícito: debe tratarse de una forma de captación indebida, por ejemplo, con coacción, engaño o abuso de poder; y la actividad ha de realizarse con algún propósito de explotación, aunque ese propósito finalmente no se cumpla.

La trata de seres humanos incluye en su sentido más amplio, la explotación sexual (prostitución forzosa, turismo sexual, pornografía, matrimonios civiles...), la extracción y comercio de órganos, explotación laboral, etc. Por otra parte, la trata supone un amplísimo conjunto de distintos delitos con base discriminatoria, como son: las coacciones, amenazas, intimidaciones, agresiones sexuales, falsificación de documentos públicos, delitos fiscales, blanqueo de capitales... Por ello hay que entenderlo como una suma de delitos y no como uno solo.

Aunque la prostitución y trata de seres humanos con fines de explotación sexual también son dos realidades íntimamente relacionadas, distan de ser el mismo fenómeno. Mientras la trata es condenada en la mayor parte de los países, los límites legales para desarrollar la prostitución suponen un debate todavía no resuelto. Se ha visto en los últimos años una evolución en el negocio de la prostitución. Mientras hasta hace unos años existían coacciones sobre las mujeres prostituidas, no había cautiverio ni esclavismo. Ahora suelen tenerlas retenidas.

En España se condena el proxenetismo mediante el artículo 188 de la Ley Orgánica 5/2010, de 22 de junio y, posteriormente, artículo 187 de la Ley Orgánica 1/2015, de 30 de marzo y la trata de seres humanos mediante el artículo 177 bis de la Ley Orgánica 5/2010, de 22 de junio. Sin embargo, la prostitución no coactiva de personas mayores de edad se considera una actividad alegal. Esto es, no existe ninguna legislación que regule la compra y la venta de servicios sexuales, y son los ayuntamientos de cada municipio quienes tienen la potestad de crear las ordenanzas oportunas para su control.

En su estudio, del total de 309 acusados estudiados, y de un total de 109 sentencias judiciales, vieron que solo poco más de la mitad (55 %) eran hombres, con una edad comprendida entre los 21 y los 40 años. También vieron que las mujeres eran más jóvenes que los hombres del grupo estudiado y que las nacionalidades de origen eran Nigeria, Rumanía y España, estando tres cuartas partes de los acusados residiendo en el país de forma legal. Casi siempre las captadoras son mujeres porque son las que generan más confianza ante una propuesta de viajar a otro país. Ganan una miseria y muchas de las que trabajan en los burdeles como vigilantes o encargadas, previamente han sido explotadas. Pero lo que es el negocio en sí está muy masculinizado. En términos globales, este es un negocio que dirigen hombres mayoritariamente y, mayoritariamente, las explotadas son mujeres.

No hay un perfil único que defina al proxeneta y a los integrantes de las mafias de tráfico de personas para su explotación sexual, aunque lo que tienen todos en común es su absoluta falta de empatía.

En algunos se identifican antecedentes de abandono y negligencias afectivas severas en la infancia. Otros, haber sido víctimas de malos tratos físicos y abuso sexual. Es común que cuando los hijos de maltratadores ven a su padre pegando a su madre odian esa conducta, pero luego, de mayores, si no se han trabajado terapéuticamente, muchos de ellos reproducen el mismo patrón.

Más allá de que en ocasiones se encuentren aspectos pasados que puedan explicar la conducta, en ningún caso la justifican.

La trata de personas sucede por la demanda de sexo y por la pobreza y las altas tasas de desempleo en los países de origen. Existe un mercado global que mueve millones de dólares, y que demanda clubs de alterne, servicios de acompañantes, salones de masajes, mientras a la vez las dificultades económicas y sociales de las mujeres, especialmente en algunos lugares del planeta, hacen a estas mujeres más vulnerables al ingreso en la trata de blancas.

Por eso, para entender la psicopatología del fenómeno, es necesario también perfilar al usuario de los servicios sexuales como cómplice imprescindible del fenómeno.

Como decíamos, la prostitución en la mayor parte de los países del mundo se encuentra en una situación de alegalidad, lo que favorece la infiltración por las mafias criminales. En Alemania se intentó legislar, siendo un numero ínfimo el de las trabajadoras del sexo que se dieron de alta en la seguridad social.

Llama la atención que hay muy pocos trabajos sobre los perfiles de clientes de la prostitución y de sus motivaciones para «comprar» servicios sexuales, bien porque se culpabiliza a la mujer de esta actividad o porque se considera un comportamiento masculino normalizado. Sin embargo, el cliente es una pieza clave porque sin él no se realiza ninguna actividad.

Existen múltiples explicaciones que dan cuenta de la conducta masculina de buscar y pagar servicios sexuales. Para muchos varones resulta excitante obtener sexo pagado y con riesgo. En otras ocasiones es la manera de poner en práctica fantasías sexuales a las que no tienen acceso en sus relaciones habituales o la práctica sexual con una prostituta es en sí misma una fantasía sexual por la imagen que se tiene de ellas. Algunos varones casados que desean tener relaciones extramaritales pueden considerar, de alguna manera, el uso de servicios sexuales una infidelidad menor. A veces la prostitución proporciona la posibilidad de tener relaciones sexuales más frecuentes y variadas de las que tienen con sus parejas. Muchos de ellos quieren evitar las responsabilidades y compromisos que se desprenden de las relaciones afectivo-sexuales, o no tienen otra posibilidad de mantener relaciones sexuales bien porque no tienen pareja o porque tienen algún problema que les impide establecer relaciones sexuales con mujeres si no es pagándolo. Algunos hombres quieren tener experiencias con mujeres de otras etnias, culturas o países y, por último, para otros muchos supone una expresión de su masculinidad más o menos egocentrista o de su expresión de poder, control y dominación. El sexo lúdico grupal, como búsqueda de diversión puede ser otra motivación para la búsqueda de servicios sexuales.

También se ha vinculado la violencia a la prostitución, poniendo de manifiesto cómo algunos de los clientes pueden llevar a cabo conductas violentas en el seno de las prácticas sexuales de una forma legitimada a través del pago y consentida por los tratantes de las mafias. Una mujer que ejerce la prostitución tiene doce veces más probabilidades de morir como víctima de la violencia que una mujer de su misma edad que no realiza esta actividad.

Entre los usuarios de servicios sexuales, algunos hombres se ceñirían más al perfil «objetualizador», ya que establecen relaciones despersonalizadas e instrumentalizadas. Las mujeres para ellos son instrumentos de placer y, como tales, buscaban los servicios sexuales sin implicación en la relación. El segundo tipo es el de aquellos considerados «personalizadores» porque buscaban además otras dimensiones no sexuales en la persona que ofrecía los servicios sexuales. A estos dos tipos podríamos añadir un tercer grupo, el de los agresores, porque pretenden aprovecharse de las relaciones asimétricas entre las dos partes, generando riesgos para las personas que ejercían la prostitución por utilizar la violencia física o verbal en el encuentro sexual.

Desde el punto de vista legislativo se han propuesto varias opciones para regular la prostitución, desde su abolición, que penaliza a las mujeres que la ejercen, su prohibición, que penaliza a los hombres que la usan, o la regulación, que garantiza los derechos tanto de las trabajadoras del sexo como de los clientes.

El lema abolicionista es el axioma de que «sin clientes no hay trata», sin embargo, esta afirmación es muy controvertida. El aspecto que nos concierne en este punto es el alcance de la trata de mujeres en el negocio de la prostitución y el posicionamiento de los usuarios respecto a la sospecha de encontrarse ante una situación de explotación sexual.

En una encuesta llevada a cabo en el año 2018 en España en la que se entrevistó telefónicamente a hombres de entre 18 y 70 años que accedieron a responder a un cuestionario de 37 preguntas (un 67,5 % de los que fueron contactados se negó a hacerlo), el 20,3 % de los encuestados (lo que equivale a 1 de cada 5) reconoció haber pagado alguna vez en su vida por mantener sexo con una prostituta y 15 % (unos 2,5 millones) reconoce haberlo hecho en el año anterior a la encuesta.

Dos de cada tres de los hombres usuarios de prostitución (exactamente el 34,8 %) no consideraron que sea una forma de violencia. El 86,4 % se muestra de hecho a favor de regularla como si fuera una actividad económica más.

Sin embargo, en esta misma encuesta se trasluce una espesa capa de cinismo, ya que a la vez que estas afirmaciones, nada menos que el 72,8 % opina que si una mujer se prostituye es porque de algún modo la obligan a ello a través del uso de la fuerza o a base de amenazas. Por no hablar de ese abultado 93,9 % que considera que la primera causa que empuja a una mujer a la prostitución es la pura necesidad económica.

«A los hombres que pagan por sexo les cuesta asumir las consecuencias reales de sus acciones, les cuesta verse reflejados tal y como son en realidad. Consideran que las mujeres obligadas a prostituirse, las mujeres víctimas de trata, son siempre las otras, no aquellas que ellos ven. Se autoconvencen de que las prostitutas que ellos frecuentan no tienen para nada ese perfil. Son muy, muy pocos los que tienen conciencia al respecto», asegura Carmen Meneses, antropóloga de la Universidad de Comillas y directora de un exhaustivo estudio que recoge lo que opinan sobre la prostitución los hombres españoles, especialmente los que recurren a ella.

Con demasiada frecuencia, los clientes de la prostitución reconocen que no denunciarían si viesen víctimas de trata para evitar el riesgo de que se enterasen sus familias. Pedro (nombre ficticio), de 55 años, aseguraba saber que algunas de las mujeres con las que tenía relaciones por dinero estaban duramente amenazadas: «Yo conozco a dos que, como no paguen lo que deben, van a por ellas. Las obligan y les pegan. Y yo eso tampoco lo veo muy bien. Son amigas mías desde hace muchos años». No le parece bien que se las coarte porque, según él, le importan. Los perfiles de usuarios como el de Pedro se observa una mayor predisposición por parte de los clientes para ofrecer ayuda a las posibles víctimas, porque existe una situación de enganche emocional o sentimiento de amor hacia ellas.

Pero la gran mayoría corrobora que no denunciaría si detecta algún indicio o confirmación de que existe explotación sexual: «Pues no lo sé (si denunciaría), porque es una cosa muy peligrosa» o «Denunciaría, pero si ella me dice que no denuncie, no haría nada, a ver si me voy a comer yo un marrón después» son solo algunas de las frases recogidas en una investigación llevada a cabo que demuestran que el miedo a las mafias se extiende también a los clientes. Uno de ellos, de 39 años, ante la pregunta de si las mujeres que ejercían la prostitución en la casa de campo de Madrid estaban coaccionadas, respondía que sí, que «se sabía, lo percibía».

Otro de los motivos para no denunciar la situación de esclavitud es el miedo a las represalias de las mafias. «Nunca se puede decir que llamaría a las Fuerzas del Estado si luego, a lo mejor, no lo voy a hacer. No es un juego. Es una cosa que tú a lo mejor ves, y lo ves mal, pero no lo haces por el miedo, porque a lo mejor... se toman la justicia por su mano», dice Mario (nombre ficticio), de 32.

Precisamente la regulación de los derechos de las trabajadoras del sexo y sus clientes puede ser una herramienta que permita garantizar la voluntariedad de la actividad, protegerlas de situaciones de violencia y de coacciones para no usar mecanismos de protección de enfermedades de transmisión sexual y ser una herramienta para identificar las situaciones en las que las mujeres se encuentran en situación de explotación sexual.

7. Violaciones

Hace ya unos años llegó a nuestro despacho una familia destrozada. La madre, llamémosla Purificación, se sentía terriblemente culpable por lo que le había sucedido a su hijo. Pedro tenía 21 años. Ella lo describía como un chico bastante inmaduro para su edad, que había sufrido con la separación de los padres ya hacía unos cuantos años. Desde pequeño había manifestado su orientación sexual hacia los chicos, cosa que había costado aceptar a la familia, especialmente al padre. Pedro solía salir los sábados «de fiesta» hasta altas horas de la madrugada, y una noche, estando en la discoteca Razzmatazz de Barcelona tuvo un incidente muy desagradable. Gustaba de fumar marihuana y chocolate y conoció a un chico un poco mayor que él que le ofreció venderle. Salieron de la discoteca y fueron a un descampado cercano, y allí le forzó y le violó. Pedro y su familia interpusieron una denuncia y su abogado les recomendó que vinieran a vernos para realizar una valoración pericial para aportarla en el juicio. En esa valoración se nos pedía analizar su personalidad, la credibilidad de su testimonio y los daños emocionales derivados de la relación sexual no consentida.

Pedro nos insistía en que no tenía duda alguna de que lo que había sucedido aquella noche no había sido consentido. Nos habló de cómo el aparente camello se las hizo venir bien para llevarle al descampado con el pretexto de venderle hachís. Nos describió que era un chico magrebí, bastante más alto y corpulento que él. En las sucesivas entrevistas que fuimos desarrollando con él, se fue abriendo y tomando confianza y explicándonos los detalles de cómo sucedió, de cómo fue seducido y luego forzado, de cómo desde entonces su vida había sido un calvario porque no podía dejar de pensar en lo sucedido. Se había convertido en una idea repetitiva, culposa. Cómo podía haberle pasado algo así. Cómo podía no haberse dado cuenta a tiempo. No había vuelto a tener relaciones sexuales desde entonces porque cuando lo había intentado se le venían a la mente las imágenes de aquella noche.

Pocos días antes del juicio volvimos a verle para acabar de preparar las declaraciones. Como hacemos habitualmente. Pero esta vez él pidió vernos a solas, sin su familia ni su abogado porque quería contarnos algo que era importante para él y le causaba profunda vergüenza. Nos explicó que lo que más sentimiento de culpa le causaba era que desde entonces esas imágenes repetitivas de aquella noche que tanto malestar le causaban, también le excitaban, y durante todos estos meses se masturbaba recordándolas. Y había denunciado e iban a juzgar en pocos días al que le causaba tanto placer. Aun y todo, sin poder entenderlo bien, sabía que aquello que había sucedido no había sido querido por él y era sin duda una violación. Y no podía entenderse a sí mismo.

Corría el año 2012, mucho antes del 2022 en que se aprobó la ley del solo sí es sí en que se ha equiparado el tipo delictivo de los abusos y las agresiones sexuales contemplando que debe ser castigado «todo aquel que realice cualquier acto que atente contra la libertad sexual de otra persona sin su consentimiento» independientemente de que hayan mediado o no comportamientos violentos para lograr superar doblegar la voluntad de la víctima.

El redactado de la Ley específica que «solo se entenderá que hay consentimiento cuando éste se haya manifestado libremente mediante actos que, en atención a las circunstancias del caso, expresen de manera clara la voluntad de la persona». De alguna manera, este redactado invierte la carga de la prueba haciendo que, en vez de presuponerse la inocencia del acusado, y teniendo que demostrarse su culpa en la agresión, se pone el peso en el no consentimiento manifestado *a posteriori* por la denunciante, y es tarea de los letrados de la defensa demostrar que la supuesta víctima/denunciante sí consintió porque en el juicio se enfrenta la palabra del uno contra la del otro, en un espacio donde habitualmente no hay testigos.

De la misma manera, en el delito de violación, con la nueva ley, se han equiparado los delitos de violación y el de relaciones sexuales no consentidas tanto concurrido o no agresión y violencia para llevarlo a cabo.

Antes de esta ley se entendía que, para que se tratara de una violación, tenía que **haber siempre violencia o intimidación**, ya que la violación se configuraba como un tipo agravado del delito de agresión sexual mientras que, después de esta ley, la violencia no es necesaria en este delito, basando el tipo delictivo en la ausencia de consentimiento cuando hay penetración.

El redactado del código penal para este tipo delictivo antes de la ley del solo sí es sí, aplica a las agresiones sexuales consistentes en «acceso carnal, por vía vaginal, anal o bucal o introducción de miembros corporales u objetos por alguna de las dos primeras vías el responsable será castigado como reo de violación con pena de prisión de seis a doce años». En la nueva ley, el artículo disminuye a entre 4 y 12 años.

Pese a que los letrados de la Cámara Baja al debatir y tramitar la ley ya advirtieron de que esta modificación supondría una reducción de la pena a los violadores que cumplían sus condenas en los centros penitenciarios, se aprobó así, y durante los meses siguientes más de mil doscientos violadores convictos vieron reducidas sus penas y más de ciento veinte fueron puestos en libertad gracias a la aplicación de la nueva ley.

Mientras cada día aumentaba la cifra de violadores excarcelados, llenaron los titulares y las tertulias políticas y de los programas «del corazón» los comentarios de opinadores profesionales respecto a la denuncia contra un futbolista por violación. La opinión pública mundial lo juzgó, sentenció y condenó con la información filtrada del sumario a los medios de comunicación, en aplicación de la nueva ley con una denuncia basada en la falta de consentimiento de la denunciante, manifestada por ella misma.

En el debate mediático de esta ley, unos meses después se puso el foco en la falta de consentimiento del beso del presidente de la Real Federación Española de Futbol a la futbolista Jennifer Hermoso, como celebración de la victoria de la selección femenina de futbol en el Campeonato Mundial.

Dos meses después de este beso, el Tribunal Superior de Justicia de Navarra rebajó en un año la pena de cárcel impuesta a Ángel Boza, uno de los miembros de La Manada condenados por la violación grupal de los Sanfermines de 2016, tras aplicarle los beneficios de la ley del solo sí es sí. Boza había sido condenado a 15 años de prisión por el Tribunal Supremo por un delito continuado de violación con las agravantes específicas de trato vejatorio y actuación conjunta de dos o más personas.

Boza era el integrante más joven de La Manada. Comenzó a ser parte del grupo durante el año 2016 y fue en los Sanfermines cuando se estaba produciendo su «iniciación» dentro del grupo. Él fue el encargado de hablar en segundo lugar con la víctima de la violación grupal y el primero que la besó y la llevó de la mano al portal donde más tarde se produjeron los hechos.

Durante el juicio por la violación grupal fue el miembro del grupo que dijo mantuvo el perfil más bajo para pasar desapercibido. Fue también el que, mientras se estaban instruyendo los hechos, robó unas gafas de sol, y al huir del centro comercial, tuvo un altercado con el guardia de seguridad.

De todo el grupo, es el único que no participó en la violación grupal de Pozoblanco, por la que también han sido juzgados y condenados el resto de los integrantes de La Manada.

En julio de 2016, un grupo de cinco hombres, de entre 25 y 28 años, originarios de Sevilla, se desplazó a Pamplona para acudir a los Sanfermines. Se habían creado un grupo de WhatsApp en el que se autodenominaban «La Manada». Con este nombre los medios de comunicación cubrieron el caso y después ha servido para denominar también a las agresiones sexuales en grupo. Uno de los acusados contaba ya con tres antecedentes penales por lesiones, riña tumultuaria y desorden público. Otro, José Ángel Prenda, había sido condenado en 2011 a dos años de prisión por un delito de robo con fuerza. Trascendieron grabaciones y mensajes de texto previos a la violación grupal, en los que uno de ellos manifestaba su intención de «follarnos a una buena gorda entre los cinco en San Fermín».

Los videos de poco más de minuto y medio, realizados por dos de los acusados con sus teléfonos móviles, fueron estudiadas por policías en un informe de 200 páginas en el que se manifiesta que la chica mantenía una actitud «pasiva y neutra», que su actitud no era «participativa» y que hubo «humillación y vejación» hacia ella.

Sin embargo, la sentencia del tribunal navarro que juzgó el caso, previa a la ley del solo sí es sí, condenó a los cinco acusados a nueve años de cárcel por abuso sexual continuado. Según esta sentencia, los procesados «la apremiaron a entrar en el portal, quien entró en el recinto sin violencia». Allí todos los procesados la penetraron bucalmente, vaginalmente tres de ellos, y uno la penetró también analmente. El tribunal no apreció indicios de violencia o intimidación y los absolvió por tanto del delito de agresión sexual. Aprecia el delito de abuso sexual con prevalimiento y condenó a los procesados a nueve años de prisión y a indemnizar a la víctima de forma solidaria con una cantidad de 50.000€. También apreció la sustracción del teléfono móvil de la víctima por parte de Antonio Manuel Guerrero, y lo condenó por un delito leve de hurto.

La Fiscalía y la defensa recurrieron esta sentencia y la opinión pública llenó las calles al grito de «La manada somos nosotras» y «Stop a la cultura de la violación» convocando numerosas manifestaciones en múltiples ciudades de España. Colectivos feministas y partidos políticos se alzaron indignados contra la sentencia enfatizando que generaba un mal precedente y suponía un claro retroceso en la lucha por la igualdad. Este caso había traído al foco del debate los conceptos de consentimiento, violencia e intimidación en el contexto del movimiento #MeToo, y también el concepto de victimización secundaria durante los procedimientos judiciales. Las mujeres víctimas de violación son agredidas al menos en tres ocasiones: por el agresor, por las instituciones y por la opinión pública ante la que deben defender su situación de víctima y la credibilidad de su relato.

Esta opinión pública, en el caso de La Manada, se rebeló ante la concepción que seguía imperando en España en esos años de lo que se consideraba una violación, puesto que, como hemos comentado previamente, la legislación vigente continuaba vinculándola a la necesaria existencia de violencia.

La vicesecretaria del Colegio Oficial de Psicólogos de Madrid, Timanfaya Hernández, declaró que, al cuestionar la versión de la víctima, se produce una «revictimización» y la víctima puede llegar a plantearse: «¿Para qué voy a denunciar? ¿Para qué poner medidas si da igual?». El presidente de la Sociedad Española de Psiquiatría, Dr. Julio Bobes, manifestó que «ante una situación de peligro, el cerebro reacciona de una forma muy compleja y de distintas formas». El no intentar defenderse es una respuesta frecuente y «es una reacción animal que se encuentra en nuestro sistema nervioso y que paraliza nuestro organismo para protegerlo».

No fue hasta el año 2019 y después de dos recursos en los tribunales de Navarra, que el Tribunal Supremo elevó a 15 años la pena de prisión por considerar que sí existió agresión sexual, y condenó a los acusados por un delito continuado de violación con trato vejatorio. Los miembros de La Manada fueron inmediatamente detenidos por la policía ante el riesgo de fuga e ingresaron en prisión, ya que hasta ese momento habían permanecido en libertad.

Durante la investigación, se encontraron en el teléfono móvil de uno de los imputados fotos de otra agresión sexual, lo que permitió relacionar a La Manada con la agresión sexual que padeció en Pozoblanco el mismo año 2016 otra mujer, y juzgarlos también por aquello. El *modus operandi* había sido similar, pero en este caso la víctima no se había atrevido a denunciar y estaba profundamente traumatizada por lo que había sufrido, según explicaron los policías que, tirando del hilo de los archivos de los móviles, lograron localizarla.

La violencia sexual que se ha registrado ha experimentado un crecimiento sostenido en los últimos años tanto en las estadísticas policiales, judiciales como penitenciarias.

En España se denunciaron 9800 delitos contra la libertad e indemnidad sexual en el año 2011, y ha ido incrementándose hasta las más de 19000 denuncias del año 2022. Según los expertos, el porcentaje de «Manadas» que agreden sexualmente a una víctima desconocida representaría alrededor del 4 % del total de la delincuencia sexual. De estos, el 70 % fueron extranjeros. Es importante reseñar que solo el 20 % de toda la delincuencia sexual se lleva a cabo entre personas que no tienen ningún vínculo hasta el momento de la agresión, o sea, en el 80 % de los casos la víctima y el agresor ya se conocían y tenían algún tipo de relación antes de la agresión.

Las agresiones sexuales cometidas en España por dos o más personas fueron, en el año 2021, 573, y se incrementaron vertiginosamente a 632 en el año 2022.

Pese a estas cifras, a nivel europeo y de acuerdo a los datos suministrados por la oficina Eurostat, España presenta uno de los registros más bajos de la Unión Europea en cuanto a violaciones registradas por cada 100.000 habitantes (3,64 frente a la media de la Unión Europea situada en 18,83 violaciones por cada 100.000 habitantes).

Se cree que los incrementos en las denuncias no obedecen tanto a incrementos en la criminalidad como a la consecuencia de las actividades políticas y de concienciación que han llevado a visibilizar los delitos, a una menor tolerancia social y personal frente a este tipo de delitos y a una mayor predisposición de las víctimas a denunciarlos.

La violencia sexual en grupo no es un fenómeno exclusivo de nuestro país. En los inicios del 2024 ha salido a la luz una grave denuncia de violación grupal perpetrada por un grupo de futbolistas profesionales de uno de los equipos históricos de la liga de fútbol de Chile, el Cobreloa.

Mientras en España se llenaban las calles ante la sentencia de La Manada, en el vecino Portugal causó indignación la sentencia que suspendió el ingreso en prisión a dos violadores al argumentar que hubo «seducción mutua».

En este caso, dos trabajadores de una discoteca violaron en el cuarto de baño de la misma a una chica, que en las grabaciones del recinto pudo verse que se encontraba inconsciente. Uno de los dos, barman de la discoteca, la invitó a lo largo de la noche a consumiciones con alcohol, a las que había añadido droga para sedarla. Mientras la estaban violando, la joven recuperó por momentos la conciencia, con lo que los asaltadores le ofrecieron dinero a cambio de su silencio. Ella, sin embargo, se pudo dirigir a la comisaría y denunció, extrayendo numerosas pruebas materiales que confirmaron el ataque. Pese a que se presentaron videos en los que se escuchaba a los condenados riéndose de la víctima y reconociendo que ella se encontraba completamente desmayada cuando tuvieron lugar los actos, la condena se suspendió porque no tenían antecedentes, apelando al impacto que la estancia carcelaria causaría en sus familias, concluyendo que hubo «seducción mutua» en base a que la víctima estuvo bailando y divirtiéndose delante de los acusados, y que no hay elementos que hagan pensar que los acusados vayan a reincidir. Y causando la indignación de la opinión pública.

La ley del solo sí es sí establece como agravante la comisión conjunta del delito sexual por dos o más personas. A pesar del creciente interés de las violaciones en grupo a raíz de este caso, este fenómeno lleva formando parte de la casuística criminal desde tiempos inmemoriales.

Algunos estudios de delitos sexuales cometidos en grupo hacen referencia a la edad más joven de los perpetradores que la de los delitos cometidos individualmente. Esto nos hace recordar el goteo de violaciones grupales llevadas a cabo en la ciudad de Badalona entre julio del 2022 y junio del 2023. Del total de los 8 asaltos, 3 tuvieron lugar en un centro comercial. Cuatro de los menores identificados habían participado activamente en más de una agresión. De los 21 sospechosos de haber participado, todos menos uno fueron menores. Casi la mitad incluso, menores de 14 años y por tanto inimputables.

Entre las víctimas, todas también menores, una niña de 11 años tuvo que abandonar la ciudad junto a su familia tras sufrir amenazas por parte del entorno de sus atacantes. Había ido sola a mirar ropa cuando, a punta de navaja la obligaron a entrar en uno de los lavabos, la agredieron sexualmente y lo grabaron con sus móviles. Trató de pedir ayuda a uno de los vigilantes de seguridad, que la ignoró, con lo que regresó a su casa y no contó nada. Semanas después su hermano se enteró en el colegio de que circulaba un video de la niña y entonces explicó lo ocurrido. Las imágenes las habían visto niños del colegio, y también adultos. Lo espeluznante es que nadie había dicho nada.

Según el INE, en el 2021 fueron 439 los menores de edad condenados por delitos sexuales en España, un 12 % más que en el año anterior. En el 2022, esta cifra siguió creciendo hasta los 501, un 14 % más aún.

En otra de las agresiones grupales de Badalona fue el novio de la niña, él de 15 años y ella de 13, quien la forzó a mantener relaciones sexuales con algunos amigos. En muchas ocasiones, aunque sea difícil llegar a planteárselo, también los agresores son víctimas, por su situación social o por su entorno. A menudo se encuentran problemas de toda índole, tanto en los victimarios como en las víctimas, como marginalidad, escasa formación, abandono escolar, maltrato o violencia intrafamiliar, consumo de drogas, adicción a nuevas tecnologías, trastornos del comportamiento, problemas psiquiátricos, incumplimiento de las obligaciones por parte de sus padres, escasez de recursos económicos, abandono o conductas sexuales inadecuadas. Situaciones que llevan a que, como en varios de estos menores detenidos, pese a reconocer su participación en el delito, no demuestren ni culpa ni arrepentimiento.

Otro de los colectivos beneficiados por la ley del solo sí es sí es de los violadores condenados con el código penal anterior que han visto reducidas sus condenas con la nueva legislación. Después de la aprobación de la nueva ley, algunos casos han resonado especialmente.

En agosto del 2023, un violador excarcelado en abril del mismo año, dos meses antes del final de su condena, reincidió e intentó agredir sexualmente a una mujer en la ciudad sevillana de Dos Hermanas.

Los violadores más peligrosos de España consiguieron ver reducida su condena. El violador de Lérida cumplía pena de cárcel tras haber agredido a 19 mujeres y haber cumplido ya varias condenas por otros delitos contra la libertad sexual. En enero del 2023 vio rebajados a 9 años y medio los 15 años que se le impusieron en 2010 por dos agresiones sexuales y un robo con violencia, viéndose en libertad y generando una importante alarma en la población. Ante su excarcelación, el

Departamento de Justicia ha activado el protocolo previsto en el caso de internos evaluados de alto riesgo que salen en libertad.

Otro de los beneficiados por la ley ha sido un pedófilo de Madrid condenado por haber abusado de su sobrina cuando tenía 4 años. Otro pedófilo beneficiado, en Palma de Mallorca, había sido condenado por el delito de violación continuada a su hermanastra durante 7 años cuando esta tenía entre 5 y 12 años, y pudo ver su condena rebajada en 15 meses.

Tres hombres condenados por una agresión grupal que no se hizo tan mediática como la de Pamplona, con el agravante de la discapacidad psíquica de la víctima, han visto también reducida su pena. Además, también un depredador sexual condenado por el abuso continuado de su hija menor de edad ha visto reducida su condena en 6 meses.

Pese a que mayoritariamente en las agresiones sexuales los perpetradores son hombres y las víctimas son mujeres, no debemos olvidar, tal como iniciábamos este capítulo, que también los hombres pueden ser violados y que, en estos casos, aun las víctimas tienen más obstáculos a la hora de denunciar.

Como ejemplo, en diciembre del 2023, dos hombres han sido detenidos acusados de agredir sexualmente a un tercero después de suministrarle, supuestamente, diversas sustancias para lograr su sumisión química en Hernani. Otro joven denunció en Año Nuevo haber sido agredido sexualmente por otros ocho hombres con los que estuvo de botellón toda la noche. Sucedió en el parque de Carabanchel en Madrid.

Pese a estos casos, el 90 % de las víctimas de delitos sexuales son mujeres. En 50 años la mujer ha pasado de tener que solicitar autorización a su padre o a su marido para poder viajar y abrir una cuenta en un banco a ver reconocido su derecho a dormir en la misma cama que un hombre desconocido sin por ello implicar que esté consintiendo en mantener relaciones sexuales con él. Y el derecho de interrumpir una relación sexual en el curso de la misma y no querer continuar, sea cual sea el motivo para ello.

La ley del solo sí es sí introduce también nuevas agravantes como el empleo de sustancias para lograr anular su voluntad mediante la sumisión química, cuando la víctima es o ha sido pareja del agresor sexual, cuando los hechos se cometan por dos o más personas, cuando la víctima se halle en situación de especial vulnerabilidad por razón de su edad, enfermedad, discapacidad o cualquier otra circunstancia, cuando haya una relación de parentesco o de superioridad y cuando se empleen armas que puedan producir la muerte.

La ley también introduce el delito de difusión de imágenes íntimas en las redes sociales tanto para quien las difunda, como quien, habiéndolas recibido, haga lo mismo. Y castiga el acoso callejero describiéndolo como la situación en la que una persona se dirige a otra con expresiones, comportamientos o proposiciones de carácter sexual que creen a la víctima una situación objetivamente humillante, hostil o intimidatoria.

La historia de la legislación de los delitos sexuales hasta llegar a castigar los piropos sexuales de mal gusto ha sido larga y solo en los últimos 50 años ha hecho un cambio más radical que todo el resto de su recorrido a lo largo de la historia de la humanidad.

Parece que, desde la más remota prehistoria, la fuerza física sirvió para establecer una diferenciación entre los roles de los seres humanos primitivos en función de su género.. Una vez que los hombres adquirían un título de posesión de un cuerpo femenino tenían la obligación de protegerlo y defenderlo de otros potenciales rivales. El precio de esta protección significó para la mujer la imposición de la castidad, la monogamia y la pertenencia a un varón.

Así, un acto violento cometido contra el cuerpo de las mujeres pronto se convirtió en un crimen perpetrado contra la propiedad de un varón, sin tener en cuenta el interés de las agredidas. Ni sin poder reclamar justicia activamente de la misma manera que los hombres.

Eso fue así durante toda la Edad Antigua, estableciéndose la edad para contraer matrimonio en relación con la pubertad, entendida esta potencialidad para la maternidad como la frontera en la que pasaban de ser propiedad de sus padres a la de sus esposos. Tanto los textos romanos como bizantinos legislaban sobre el matrimonio y los adulterios femeninos. Al menos desde Roma, las diferencias en la forma de vivir la sexualidad de hombres frente a mujeres ya se encontraban muy marcadas: mientras ellas debían guardar castidad hasta el matrimonio, los hombres podían disfrutar del sexo siempre y cuando no causasen una ofensa a la libertad de las mujeres.

Además, en la época de la monarquía romana la castidad de las mujeres era reconocida como una muestra de honorabilidad, no solo para ellas, sino para sus familias, padres, hermanos y para sus maridos.

La mujer honorable en Roma no debía llamar la atención al salir a la calle y ni se planteaba la idea de sexo no consentido dentro del matrimonio, dado que la mujer era propiedad del hombre y su deber era engendrar pequeños ciudadanos romanos.

La propia creación de Roma es producto de una violación mítica: Rea Silvia concibió a Rómulo y Remo después de que su tío Amulio, vestido en traje de guerrero, la violentase y la desflorase. Otro caso famoso fue el de Lucrecia, patricia romana a la que en el siglo VI antes de Cristo violó Sexto Tarquinio, hijo del último Rey de Roma, a punta de espada y con la amenaza de que, si lo delataba, la acusaría de adulterio con un esclavo y la condenarían a muerte. Según el relato de Tito Livio, Lucrecia sí lo delató a su padre y a su esposo antes de suicidarse. Este hecho provocó una revuelta que acabó con la expulsión de la familia real y la proclamación de la república.

No se consideraba delito que un hombre libre violase a una esclava o esclavo, ya que estos tenían la consideración de objeto y eran propiedad de su amo. Sí era por el contrario delito violar a un esclavo ajeno, puesto que se consideraba un atentado contra la propiedad del dueño.

Es de esta época también la importancia que se otorgó a la utilización de la violencia sexual en las guerras y conquistas, quedando claro en numerosos textos que las mujeres y niñas de todas las edades eran capturadas como botín, esclavizadas, prostituidas y violadas.

En la Edad Media castellana, durante el reinado de Alfonso X se aglutinaron los delitos sexuales en un cuerpo normativo denominado Las Siete Partidas. En aquella época la violación de mujeres era algo muy castigado, incluso cuando se trataba de plebeyas ultrajadas, no tanto porque se manchara el honor de la mujer y su familia como porque se atentaba contra la propiedad de sus padres y hermanos. Y quien dañaba la propiedad ajena, debía pagarlo. Las Siete Partidas no hacía diferencia alguna entre las víctimas (mujer casada, viuda, religiosa o doncella) y castigaba por igual todos los casos con la pena capital. Entendía el delito como el de un rapto y los bienes del raptor iban a parar a la familia de la víctima, salvo que se concertara el matrimonio para evitar la deshonra.

Junto al delito del rapto y la apropiación, el texto ponía énfasis en la protección de la castidad de la mujer como bien jurídico.

Lo que se considera como violación y las penas que conlleva el delito han variado mucho a lo largo de la historia y son un termómetro de las libertades sexuales de las mujeres y del grado de reconocimiento en igualdad de condiciones a los varones por parte de cada sociedad.

Una cosa es poder datar cuándo fue la primera vez que un hombre violó a una mujer, y otra saber cuándo fue la primera vez que fue castigado por ello.

Por ejemplo, en la Francia (y toda Europa) de los siglos XVI al XIX la violencia sexual y las violaciones gozaban de una casi absoluta impunidad. La distancia social modulaba la escala de gravedad de los crímenes y se entendía que en los entornos rurales las costumbres de la plebe eran de folgar sin limitaciones, atribuyendo a las mujeres una moral licenciosa. La violencia sexual era una violencia relativamente tolerada en la sociedad con denuncias poco frecuentes y alusiones insistentes a la apropiación y posesión de la víctima, manifestando esa equivalencia de la persona como bien material de su tutor.

A la víctima de la violación se la consideraba pecadora, encerrándola en la humillación y la indignidad y reduciendo su capacidad para acusar, pues ella misma quedaba inmersa en un acto impuro si hacía pública la agresión.

Solo es en la segunda mitad del siglo XVIII cuando se inicia una nueva reflexión penal que diferencia los atentados contra las personas en un tipo diferente a los atentados contra los bienes materiales. Por fin el delito de violación va a empezar a ser considerado como un daño contra una persona, no contra una propiedad perteneciente a un tercero, varón.

No hemos de olvidar tampoco que el argumento de las costumbres licenciosas de la víctima va a ser utilizado reiteradamente para inculparla como agente causante del delito.

Solo la Declaración de los Derechos del Hombre firmada en 1789 reconoce que «cada hombre es el único dueño de su persona y esta propiedad es inalienable», sentando las bases para convertir a la víctima en sujeto, concentrar su perjuicio en su ser y no en el de sus tutores, e inclinar la violación hacia el daño físico y no hacia la apropiación indebida.

Es por primera vez en el Código Penal de 1791 que se menciona en el artículo sobre la violación un redactado que menciona esa igualdad de derechos. Sin embargo, en esa época, el cambio es más teórico que práctico aún. En este texto se deslinda por primera vez la violación de cualquier referencia religiosa y del pecado.

En la revisión del código penal de 1832 se hace por primera vez referencia al uso de otros tipos de violencia diferentes a la física mediante las que el agresor puede ejercer presión y coaccionar o amenazar para llevar a cabo la violación.

Es a finales del s. XIX cuando converge la criminalística y la psiquiatría para explicar la violencia sexual contra menores. Se incluye a los criminales en categorías psíquicas y se busca la explicación del delito en el análisis de las formas del cuerpo amparándose en la frenología como ciencia psiquiátrica vigente.

De alguna manera esta doctrina caracteriza al agresor no tanto por su fuerza, sino por su debilidad o su desviación, resultando una inversión de su imagen.

El siglo XX en sus años más avanzados recoge una novedad inédita. La gravedad del hecho se mide en función de la salud psicológica y mental de la víctima dañada a consecuencia de la agresión sexual.

Solo en el s. XXI se alcanza un consenso social de repulsa de los delitos sexuales en los que la víctima está legitimada y validada para liderar el debate social de la igualdad en los comportamientos sexuales entre hombres y mujeres.

Un elemento interesante en la historia de la consideración social y jurídica de las agresiones sexuales es la seducción. La historia del estupro y la violación valiéndose de la superioridad y el engaño. El matrimonio se convierte en un anhelo a conseguir por parte de las mujeres y la intervención de la promesa matrimonial una mera excusa para el logro de la relación carnal. En ese contexto resulta inquietante comprobar que los jueces valorasen no tanto el acto delictivo en sí mismo, sino en el comportamiento femenino y el contenido concreto del engaño del que habían sido víctimas, ya que los verdaderos valores a defender son la castidad y la honestidad de la víctimas.

«Havia logrado quitarme mi onor con titulo de casamiento». Esta es la expresión más reiterada e insistente que pronunciaban las causas por estupro entre mediados del s. XVII y finales del XIX.

El embaucamiento de la voluntad femenina para moverla en el sentido de consentir la cópula es la esencia del estupro: una seducción engañosa con repercusiones en la honestidad.

Honor y engaño son dos piezas inseparables que permiten que en ausencia de violencia se consienta la unión voluntaria. Estos elementos se repiten en el teatro del s. XVII, en el que se retratan escenas en las que ya no el engaño, sino la seducción misma permite «consumar el acto carnal con una mujer que vive honestamente» sin llegar a intervenir la fuerza. En el Formulario de Indias del s. XVIII se utiliza el termino violación para describir el acto carnal que comete «el que viola a una doncella, aunque sea con su gusto, y que precede algún engaño para ello». Algunos autores hablaban del estupro como el «conocimiento carnal de una mujer libre y honesta precedido de seducción verdadera o presunta y no acompañado de violencia».

El binomio mujer-honra es una constante en este periodo y complementa el de mujer posesión en la otra concepción de los delitos sexuales. Por una parte, han representado a lo largo de la historia atentados contra la propiedad de los hombres tanto padres como maridos, y por otra han representado un atentado contra la honra familiar «puesto que una ofensa a la honra de la muyer, empaña también la suya (del hombre)». Es curioso que en ningún momento de la historia la honra del hombre se ha vinculado ni a su castidad ni a la exclusividad de sus contactos carnales en el seno del matrimonio.

Cuando se había consumado el deshonor mediante el acto carnal, las familias de la víctima y del estuprador intentaban encontrar acomodos como modo de reparar la honra, evitar la justicia y sobre todo impedir que el desdoro se hiciera público, cosa que conduciría a una deshonestidad aún mayor. Es así como los hombres de la familia se convierten no solo en defensores de la víctima, sino del honor familiar.

A veces la reparación se producía acordando el matrimonio entre la víctima y su agresor, especialmente si se daba el caso de que había quedado embarazada, y en otros casos, cuando las circunstancias personales del estuprador, casado, no permitían la celebración del matrimonio, se consensuaba algún tipo de acuerdo monetario y la reclusión de la víctima en un convento donde podría permanecer escondida de la sociedad hasta dar por finalizada la gestación.

Para evitar estas situaciones las solteras estaban celosamente controladas por sus padres, esperando a ser transferida de dueño, sin tener voz o voto en su futura suerte y para evitar que la «mercancía» se deteriorase, pues resultaría del todo complicado «colocarla».

El engaño y la seducción son el ingrediente nuclear del mito de Don Juan Tenorio, ubicada en Sevilla en 1545, pero escrita y publicada en 1844. Es el arte de halagar a la mujer con palabras amables y promesas vanas con intención de lograr su consentimiento para el acceso carnal. La seducción es el engaño astuto y la persuasión hacia el mal. En el caso de las mujeres honestas el engaño en el amor puede conducir al logro de su deseo. La violencia contra las mujeres es una constante en don Juan. Su *modus operandi* es la violación, pues en eso convierten las mentiras a la seducción, y el asesinato, puesto que no solo mueren a manos de Tenorio los padres y amantes humillados, sino que ellas son víctimas condenadas a morir socialmente por la mancilla de su honor.

El código penal de 1822 dice «el que abusare deshonestamente de una muger casada o desposada, haciéndole creer sinceramente por medio de algún engaño o ficción…» mientras que en el artículo 688 apostilla «engañándola real y efectivamente» para que no quepa duda de que el engaño debía ser de una entidad suficiente y notoria para que no quepa duda de su intencionalidad.

En aquella época el paso del delito de estupro al de violación requería el uso de la fuerza para la consumación del acto sexual. La violación o forzamiento era mucho menos denunciada, básicamente porque representaba una mancilla difícil de superar ante la colectividad tanto por la víctima como por su familia, y podía suponer también un atentado contra el señor propietario de la tierra donde ocurría.

No debemos olvidar que en estos siglos el crimen es considerado como blasfemia y pecado. Sin embargo, en el delito de violación, no se cree a la mujer ni su testimonio porque se entendía que «la muger tiene más medios para oponerse a la violación que el hombre para vencer la resistencia que se le opone». Grandes sabios como Montesquieu, Rousseau y Diderot consideraron que la resistencia de la mujer era suficiente para detener el acto frente a un hombre. Este axioma extraño a nuestra comprensión conducía inexorablemente a desconfiar de las palabras de las mujeres cuando decían haber sido víctimas de este delito, y negaba su condición de sujeto de estos delitos ya que «no es muy difícil que una muger sagaz se valga de la seducción o de otros artificios para quejarse de haber sido violada».

El movimiento antiviolación no nació de la nada. En los años 70 del siglo XX surgió del movimiento por los derechos civiles, el movimiento por la libertad de expresión, el movimiento por la paz y el movimiento por los derechos de los negros en EE. UU. Integrantes de todos ellos lideraron además la condena de las violaciones indiscriminadas e impunes.

La palabra *rape*, en inglés violación, se deriva del latín *rapere* que significa raptar o llevar. Como hemos visto anteriormente, en algunos momentos de la historia la violación se equiparaba a la idea de rapto, a la vez que el rapto y la violación eran métodos aceptables para conseguir esposa.

En EE. UU., en 1790, Mary Wollstonecraft escribió *The Vindication of the Rights of Women* (la reivindicación de los derechos de las mujeres) que dio inicio al movimiento feminista.

Ahí empezó la lucha por los derechos de la mujer en contexto de otras reivindicaciones como la de los derechos de los negros y la abolición de la esclavitud. A principios de los 1900 las mujeres ya estaban replanteando sus roles como esposas, madres y amas de casa, y en 1920 consiguieron el derecho a voto.

Con estos precedentes, en 1970 el movimiento antiviolación se planteó cambiar el marco social en el que se interpretaban las agresiones sexuales contra las mujeres. Desde entonces ha trabajado para superar concepciones que atribuyen su origen a factores como que la mujer lo estaba pidiendo por su vestimenta o que está consintiendo porque no se resiste. También para superar los prejuicios contra las víctimas y contra las concepciones erróneas de los violadores, ya que no necesariamente están locos ni tienen enfermedades mentales que les hagan proclives a ello, sino simplemente creen que tienen derecho a controlar a las mujeres o a los menores en su caso, y disponer de ellos para su placer.

En España fue en los años ochenta cuando se empieza a articular el cuestionamiento del Código Penal vigente que databa de 1944, en materia del enjuiciamiento de los delitos sexuales.

En este Código Penal se consideraba que la honestidad era el valor a proteger al tipificar los delitos contra la autonomía sexual. Era un momento en que la mujer era considerada el baluarte en el que se asentaba la moralidad de todo el país. La honestidad, de acuerdo con la definición vigente de la RAE, calificaba a la personas que actuaban de acuerdo con la moral y que respetaban las normas de carácter sexual socialmente establecidas. Por ello, el bien jurídico protegido relacionaba directamente la sexualidad con la moral para proteger las conductas sexualmente aceptables. Las tres consecuencias de esta concepción fueron la tipificación delictiva del adulterio (solo cuando eran las mujeres las que lo realizaban), se excluyó de la protección de este delito a las prostitutas, ya que solo amparaba a las mujeres consideradas honestas, y se consideró que esta protección debía alcanzar el honor de los hombres de la familia como se desprendía del redactado del artículo 428 de este Código Penal: «El marido que, sorprendiendo en adulterio a su mujer, matare en el acto a los adúlteros o a alguno de ellos, o les causare cualesquiera lesiones graves, será castigado con la pena de destierro. Si les produjese lesiones de otra clase, quedara exento de pena. Estas reglas son aplicables, en análogas circunstancias, a los padres respecto de sus hijas menores de veintitrés años y sus corruptores, mientras aquéllas vivieren en la casa paterna».

Solo fue en el año 1989, hace menos de 40 años, cuando se modificó el bien jurídico protegido en estos delitos que pasaron de considerarse «delitos contra la honestidad» a «delitos contra la libertad sexual». Al aprobarse la Constitución Española en 1978, se hicieron algunas reformas urgentes del Código Penal en el año 1983 para adecuarlo a sus principios, como fue la supresión de la autoridad marital, y asimismo derogó el «perdón del ofendido», también vigente en el Código Penal de 1944 por el que la víctima de violación, mediante el perdón a su agresor, extinguía la acción penal contra él dejándolo por tanto exento de cargos.

Con la modificación del bien jurídico protegido mediante la ley de 1989 se reconoce la libertad sexual como uno de los ámbitos del desarrollo de la personalidad que es digno de protección frente a la imposición de conductas no consentidas.

El 23 de noviembre de 1995 se aprobó un nuevo Código Penal en el que se consolidan estas modificaciones y el cambio de paradigma, y en 1999 se amplían las consideraciones de este delito para extremar la protección de los menores y los discapacitados para los que se atribuye la incapacidad para consentir.

Pese a la consolidación de los cambios legislativos, la realidad social no necesariamente ha acompañado este cambio en el marco penal.

Desde el inicio del s. XIX se producen movimientos sociales que se desarrollan en la nueva arena de las redes sociales propagando *hashtags* relacionados con la visibilización de la violencia sexual. Estas reivindicaciones eclosionaron en el año 2017 en el movimiento #MeToo tras las denuncias al productor cinematográfico Harvey Weinstein por parte de actrices y modelos. El hecho de que las denunciantes fueran *celebrities* tuvo una gran importancia en el acceso a la oportunidad política y mediática. Solo las primeras 24 horas tras la publicación en el *New York Times* de las denuncias contra Weinstein, #MeToo se usó medio millón de veces en Twitter y 12 millones de veces en Facebook.

En España, el mediático caso de La Manada generó un movimiento similar con el *hashtag* #YoSíTeCreo. En aquel momento, la periodista Cristina Fallarás publicó dos tuits explicando las agresiones sexuales sufridas por ella misma animando a otras mujeres que también hubieran sido víctimas a explicar sus experiencias con el *hashtag* #Cuéntalo. La primera noche tuvo 100 retuits. Después de tres días llegó a los 10.000. Al décimo día, este *hashtag* había sido comentado 3 millones de veces dando lugar al proyecto #cuentalo en el que 790.000 usuarias explicaron sus vivencias como víctimas de violaciones en todo el mundo.

Para concluir este capítulo queremos compartir una reflexión tras muchos años peritando casos de denunciantes y denunciados por violencia sexual (como ven, huimos de los términos de víctimas y agresores porque estos solo pueden aplicarse tras las sentencias judiciales).

Vivimos en un momento social de sexualidad líquida, por utilizar un término de Baumann, en el que los cambios de paradigma evolucionan a un ritmo vertiginoso sin llegar a consolidar los cambios previos en todos los estratos de la sociedad. A la vez se ha normalizado la sexualidad fuera de las relaciones afectivas estables como puede observarse por la proliferación de aplicaciones para promover los encuentros sexoafectivos.

También tienen lugar en espacios lúdicos como discotecas, festivales musicales y otros ambientes festivos. Estos dos elementos hacen que se genere un escenario en el que la probabilidad de que los encuentros sexuales sean no satisfactorios es muy elevada. También abona el terreno para el desarrollo de conductas sexuales no respetuosas. En cualquier caso, estas situaciones llevan necesariamente a reflexionar acerca de la relación entre la violación con la seducción posteriormente arrepentida.

Parece que este entorno delictivo debiera ser bien diferenciado del que clásicamente se tipificaba bajo el epígrafe de violación (con violencia) y que a menudo llenaba las portadas de la prensa escrita.

García Ribado fue condenado en septiembre de 1996 a un total de 1721 años de prisión por 74 violaciones, seis agresiones sexuales y diez delitos de robo. Fue excarcelado en noviembre del 2013 por la derogación de la doctrina Parot. Fue conocido como el violador del portal y en 2014 fue detenido nuevamente por haber agredido a dos mujeres, una de ellas menor al hacerse pasar por fisioterapeuta para cometer sus crímenes.

Otro de los beneficiados por la derogación de la doctrina Parot fue el llamado «violador del estilete» que salió de la prisión de Villabona en Asturias en diciembre del 2013 y fue detenido en abril del siguiente año por intentar agredir sexualmente a otra mujer.

El violador de la Vall D'Hebron fue condenado a mediados de los noventa por 16 violaciones. Tras cumplir 16 años de los 311 que le impusieron como condena, salió en libertad en el año 2007. Con el recurso de la Fiscalía en virtud de la doctrina Parot volvió a entrar, y con su derogación, salió definitivamente en el año 2012. Dejó la cárcel sin que los psicólogos de la prisión de Quatre Camins de Barcelona lo considerasen rehabilitado. Su cuerpo fue hallado sin vida a la edad de 61 años en una zona boscosa del distrito de Nou Barris en la ciudad Condal, aparentemente tras caer accidentalmente por un terraplén.

El mayor violador en serie de la historia de España fue Arlindo Luis Carballo, conocido en su pueblo como Arlindo «Relindo» y en la prensa negra como el violador de Pirámides. Fue condenado a 514 años por violar a 35 mujeres en cerca de 140 ataques sexuales. Y fue liberado en 2017 tras cumplir solo 20 años.

En el argot de los violadores, le cobraron 3 y las demás violaciones le salieron gratis, ya que el cumplimiento de la pena con el código penal vigente en aquel momento estaba topado al cumplimiento del triple de la máxima pena impuesta con un máximo de 20 años.

Elegía a la víctima y la seguía hasta el momento más propicio, en el que la conducía a punta de cuchillo a un lugar apartado. A veces entraba con las víctimas en los ascensores y se las llevaba andando por la calle hasta un parque concurrido o un descampado.

Pirámides es la zona madrileña donde cometió sus primeras violaciones porque allí iba a esperar a su mujer a que saliera del trabajo. Llegaba tres horas antes y en ese tiempo elegía a sus víctimas y las forzaba.

Vivió en un pueblo pequeño de Cáceres. Su familia se dedicaba al pastoreo. A los 23 años se trasladó a Madrid. Se casó, tuvo 2 hijas. Era un hombre normal. Trabajaba como vigilante de seguridad en Mercamadrid. Era agradable. Se granjeó simpatías con compañeros y vecinos. Pasaba desapercibido.

Cuando fue detenido alegó que las violaba para vengarse de las humillaciones que creyó sentir por parte de sus compañeras de colegio. Por eso todas sus víctimas eran muy jóvenes y de rasgos parecidos.

Cuando su abogado de oficio le hizo rememorar sus traumas de infancia en los que basaba su defensa echó a llorar y manifestó que siempre había sentido miedo hacia las mujeres.

Dijo que cuando le detuvieron sintió gran alivio porque ya no iba a poder hacerlo más.

La sentencia estableció que no era un enfermo mental incapaz de distinguir entre el bien y el mal o gobernar su conducta.

Desde que fue puesto en libertad no ha vuelto a dar que hablar.

8. Parafilias

Armie Hammer saltó a la fama en 2017 al protagonizar el drama romántico *Call me by your name*, estrenado en España como *Llámame por tu nombre*. Pero rápidamente hundió su carrera cuando en 2020 se revelaron sus acusaciones de violaciones y tendencias caníbales.

Estuvo 9 meses ingresado en una exclusiva clínica de Florida para tratar sus problemas con el alcohol, las drogas y el sexo; perdió a su esposa y a sus hijos, y migró a las Islas Caimán para trabajar como vendedor inmobiliario. Sin pretender el perdón de la opinión pública que le había juzgado, condenado y sentenciado, en la era más dura de las campañas del #MeToo, sí ha querido romper su silencio publicando una entrevista en el diario digital *AirMail*.

Uno de los motivos que relaciona con su comportamiento indeseable son los abusos sexuales que sufrió con 13 años por parte de un cura protestante, «por lo que la sexualidad entró en mi vida de una forma en la que estaba completamente fuera de control». Ya de adulto, Hammer se reconoce como adicto al masoquismo, la dominación, la sumisión y la disciplina base del BDSM.

Amparándose en su estatus de celebridad a varias de sus amantes les hizo de todo. A la *influencer* Paige Lorenze le dibujó la letra A con un cuchillo cerca de su vagina; la desarrolladora de aplicaciones de belleza Courtney Vucekovich relató que a Hammer «le gustaba mucho decir que quería romperme una costilla y comérsela en una barbacoa» además de practicar todas las variantes del BDSM, *bondage*, disciplina, sadismo y masoquismo «donde dejó bastante claro que es algo que le interesaba desde el principio de la relación». Una joven con el seudónimo de Effie que mantuvo durante 4 años una relación intermitente con él confesó que sufrió alguna violación agresiva y abusos físicos. Un chico de Bogotá explicó que el actor le había violado salvajemente con el argumento de que «los chicos podían soportar más el dolor» —según las propias palabras de joven—, y alegó que la estrella le «cortó con papel y cristal para luego chuparme la sangre».

En la entrevista publicada describe cómo, cuando en febrero de 2021 sintió que todo se le venía abajo, pensó en suicidarse en las islas Caimán: «Me adentré en el océano y nadé todo lo que pude con la esperanza de ahogarme, de que me arrollara un barco o de que me devorara un tiburón. Pero entonces me di cuenta de que mis hijos seguían en la orilla, y que no podía hacerles eso a ellos».

En esa publicación digital Hammer explica que no espera ni desea que se le absuelva de sus pecados y de la culpa, ya que «estoy aquí para asumir mis errores, responsabilizarme del hecho de que fui un gilipollas, de que fui egoísta, de que utilicé a la gente para sentirme mejor y, cuando acabé, seguí adelante. Traté a la gente peor de lo que debería». Sin embargo, sí hizo un llamado a cuestionar la cultura de la cancelación consciente de que: «Nadie me contratará. Nadie me asegurará. No puedo conseguir una fianza para un proyecto. Y nadie me contrata porque, si lo hacen, dirán que son personas que apoyan a los maltratadores. Y entonces se arriesgan a que les cancelen a ellos también (...)».

Hammer en todo momento niega las acusaciones de violación. Los psicólogos que estudiaron su caso en el juicio de su divorcio aseguraron que está en sus cabales, defendiendo que podía responsabilizarse de parte de la custodia de sus hijos, ya que no corrían ningún peligro de sufrir abusos. Además, matizaron que la práctica de BDSM ya no se considera anormal ni una desviación sexual porque se ha eliminado del Manual de Diagnóstico y Estadística de los trastornos mentales. En definitiva, «lo que tiene el señor Hammer son fetiches, pero no delitos».

Entonces, ¿dónde está la frontera entre la sexualidad normal y la desviada y el límite con los delitos? ¿Qué entendemos como desviaciones de la conducta sexual, las también llamadas parafilias? ¿Las desviaciones sexuales se consideran enfermedades mentales? Vamos a ello.

Según el diccionario de la Real Academia de la Lengua Española, parafilia se define como desviación sexual y se refiere a los casos en que las personas presentan intereses sexuales atípicos. Desde el siglo XIX se han consideraban como «perversiones sexuales» el incesto, la homosexualidad, la zoofilia, la pedofilia, el sadomasoquismo, el autoerotismo, el *voyerismo*, el fetichismo, el travestismo, la coprofagia, las mutilaciones sexuales, etc. Sin embargo, el término perversión sexual fue sustituido por el de parafilia en el año 1987, cuando la Sociedad Americana de Psiquiatría (American Psychiatric Association) publicó la versión revisada de su tercera edición del Manual Diagnóstico y estadístico de los Trastornos Mentales, el DSM-III-R, coincidente con la modificación clínica de la 9.ª edición de la CIE (CIE9MC) que es el manual diagnóstico de la Organización Mundial de la Salud. Estos dos manuales, aunque mantienen algunos matices discordantes, se consideran los estándares de referencia para los profesionales de la salud mental en todo el mundo y especifican los criterios para considerar cada uno de los trastornos mentales.

Sin embargo, el concepto de «normal» en sexología tiene más que ver con criterios estadísticos (lo que es frecuente en un grupo social), filogenéticos (si son conductas que también desarrollan los primates superiores), morales (de acuerdo con los preceptos de un grupo cultural en un momento histórico), legales (lo que contraviene la legislación vigente), o sociales.

Así, por ejemplo, vemos cómo la masturbación en algún momento histórico pudo ser considerada «anormal» social y moralmente, o bien la homosexualidad, que además en algunos países hoy en día es considerada ilegal. En contrapartida vemos cómo tanto el incesto y la violación han estado fuera de todas las normas en todos los tiempos, excepto en términos etológicos. En nuestro país la conducta sexual está basada en la capacidad de consentir, y la consideración de trastorno se basa en la disfunción que pueda generar la conducta, la incapacidad para adaptarla a las circunstancias sociales y el malestar psicológico causado por sus tendencias, y no solamente como resultado de la reprobación o repudio social.

De la incapacidad (o involuntariedad) para reprimir la conducta cuando implica a terceras personas que no consienten en llevarla a cabo se derivan los delitos sexuales.

Las parafilias que suelen darse con más frecuencia son:

—El exhibicionismo: consistente en el placer de exponer los genitales a desconocidos de forma imprevista. Esta práctica conlleva necesariamente un delito, y se ha relacionado con estructuras inmaduras de personalidad con dificultades para la interacción social asertiva.

—El fetichismo: definido como las conductas, fantasías y necesidades sexuales en las que se requiere el uso de un objeto inanimado para sentir placer. Entre los objetos más empleados por los fetichistas están los zapatos, la lencería, el cuero y la goma. Esta parafilia es tan común que existen webs especializadas en donde adquirir los objetos fetiche. En ocasiones el placer sexual tiene que ver con tocarlo o simplemente verlo, pero en otros puede ir asociado a robarlo y masturbarse con él.

Una variante del fetichismo puede ser el fetichismo travestista, en el que pueda sentirse placer sexual al vestirse con ropas del otro género. Es más común en hombres heterosexuales y no debe confundirse con el travestismo.

—La pedofilia se considera una desviación de la conducta sexual y quien la experimenta asocia el placer sexual a las conductas sexuales con menores, que ya sido abordado en otro capítulo de este libro exhaustivamente.

—El froteurismo implica rozar los genitales con alguna persona desconocida sin su consentimiento. Es más común en hombres que en mujeres y es una conducta que implica acoso sexual y que veremos más adelante.

—Los masoquistas sexuales sienten placer en situaciones en las que se les humilla física y/o psicológicamente. La cruz de la misma moneda es el sadismo sexual, que implica sentir gratificación sexual al ejercer control, dominación o humillar a su pareja sexual. Los masoquistas pueden satisfacer su placer en prácticas consentidas como pueden ser las conocidas como BDSM (*boundage*, dominación sumisión masoquismo) o bien pueden requerir de la violencia y la involuntariedad de la víctima para la excitación sexual.

—El voyerismo es el disfrute sexual al observar una persona desnuda sin que ella sea consciente de que está siendo espiada. Esta parafilia implica un delito contra la intimidad de los demás. Para considerarlo voyerismo es necesario que haya sido planeado y que sea una conducta recurrente, no un hecho accidental.

—Necrofilia. Los necrofílicos sienten atracción sexual por los cadáveres, tanto humanos como animales. Esta práctica se considera altamente patológica e implica un delito al ser realizada.

—El *scat* es un tipo de fetichismo consistente en la excitación sexual producida por las heces. Implica la atracción por ver, oler, tocar o saborear las heces y todo lo que está relacionado con ellas. También se conoce como coprofilia y en ocasiones se practica junto a la urofilia, en cuyo caso el objeto del deseo es la orina, ya sea ingiriéndola o siendo mojado con ella en la llamada lluvia dorada.

—La zoofilia es la fantasía de realizar actos sexuales con animales. En el ámbito rural puede estar bastante extendida y normalizada socialmente.

—Las personas gerontofílicas sienten preferencia por las personas de edad avanzada o de edad significativamente mayor que la del gerontofílico.

—La hipoxifilia consiste en sentir placer cuando se restringe intencionadamente la respiración.

En relación con esta última parafilia mencionada, se publicó no hace mucho en Santiago de Chile el fallecimiento de una joven de 16 años mientras mantenía relaciones sexuales con otro adolescente de su misma edad. El estudio de la autopsia de su fallecimiento generó diversas conjeturas.

Para sus parientes resultaba extraño que una joven padeciera un infarto, por lo que se tejió la hipótesis de que su muerte pudiera ser a consecuencia de una asfixia erótica, un juego sexual que ha costado la vida a miles de personas en todo el mundo. Este juego consiste en apretar la tráquea por parte de la pareja para sentir mayor placer sexual o cubriendo la cabeza con elementos plásticos o de látex para evitar la respiración, y también puede practicarse en modo autoerótico.

En junio del 2023 fue encontrado un hombre de 66 años, muerto, de rodillas, semidesnudo y rodeado de juguetes sexuales en la azotea de su casa de la bella ciudad de Besalú en la provincia de Gerona. La víctima había fallecido unos días antes y todo apunta a que falleció de manera accidental por asfixia mientras realizaba una práctica sexual en solitario. Cuando le encontraron tenía correas que le rodeaban el cuello y los genitales.

En Houston, en un caso similar al primero, el novio de la víctima fue acusado de estrangular a su novia con los cargos de homicidio involuntario, después de que trasladaron a la chica a urgencias, ya sin signos vitales y sin que pudieran hacer nada por salvar su vida.

Las prácticas de este tipo pueden considerarse juegos al límite o juegos arriesgados o *edgeplay* y, como vemos en estos casos, efectivamente los riesgos pueden acabar con la vida de los participantes.

Las conductas sexuales que pueden generar daño no necesariamente son consideradas delictivas.

En el año 2023, finalmente la Fiscalía de EE. UU. decidió no acusar a Armie Hammer de ningún cargo de agresión, violencia o delitos sexuales. Esto fue así porque las conductas sexuales sadomasoquistas requieren explícitamente el consentimiento de las partes para ser llevadas a cabo, a diferencia de otras conductas sexuales que requieren la violencia y el abuso de la víctima sin contar con su consentimiento, y que sí se encuadran en los delitos sexuales tipificados.

Las prácticas BDSM (*bondage* y disciplina, dominación y sumisión, sadismo y masoquismo) fue popularizadas por el *best seller* literario *50 sombras de Grey*. Pueden ir desde los golpes, azotes (el llamado *spanking*), insultos, quemaduras, penetraciones anales, prácticas en las que se implican las heces y la micción, en definitiva, cualquier actividad que suponga un control del sumiso/a. Una variante es el *wrestling* BDSM, en el que los hombres pagan para que las mujeres les muelan a palos, y en esta línea, las víctimas, que suelen ser hombres, son quienes deciden qué quieren que les haga su dominante.

Es importante reseñar que en el BDSM los roles de dominador y sumiso no están vinculados al género. Tanto el hombre como la mujer pueden ejercer los papeles de control, poder y agresión, como de ser quien padece las vejaciones. La persona dominante obtiene placer principalmente del dominio psicológico, no solo de la relación sexual. La excitación sexual viene derivada del ejercicio de la violencia excusada mediante el consentimiento y la existencia de una víctima voluntaria. Por ello no puede existir sentimiento de culpa en el/la agresor/a porque cuenta con la aceptación de la víctima, lavándose cualquier responsabilidad. Es interesante, desde el análisis psicopatológico, no solo profundizar en el perfil de los practicantes de BDSM que tienden al rol de dominación, sino también en el de los/las sumisas que acceden a someterse voluntariamente a vejaciones.

En este sentido, la fina línea marcada por el consentimiento puede llegar a difuminarse mucho.

En el año 2021, fueron juzgados dos hombres de 68 y 59 años en Palma por humillar, amenazar y lesionar a una mujer. Ellos alegaron que la chica quería conocer lo que era el *bondage* y ellos eran expertos. Los procesados negaron en todo momento haberse excedido físicamente con la mujer, que reconoció en la vista que era adicta a las drogas en el momento de los hechos y por ello permaneció durante cuatro días en casa de uno de los hombres y accedió a sus deseos. Una noche le robó cocaína al dueño de la casa y este le amenazó de muerte a la vez que le obligó a escribir un copiado con la frase «No volveré a robar la coca a mi amo». El juicio quedó visto para sentencia.

Desde el punto de vista del derecho penal, en caso de que se haya producido una lesión y la víctima tenga que acudir a un servicio médico, este puede llegar a actuar de acuerdo a su obligación de dar parte facultativo a la justicia, que activará el Ministerio Fiscal incluso si quien ha recibido los daños no quiera denunciar. La jurisprudencia dice que se trataría de un delito de lesiones con una conducta claramente dolosa, esto es, que cuando se llevó a cabo, tenía intencionalidad de dañar y con conocimiento del riesgo del daño por parte de quien lo provocó. Podrían además estar encuadradas en el tipo agravado del artículo 148.1 si se hubieren utilizado objetos para intensificar el daño, como una fusta o unos grilletes. El consentimiento podría considerarse un atenuante, pudiendo beneficiarse del artículo 155 del Código Penal, siempre que dicho consentimiento sea válido y se trate de una persona mayor de edad y plenamente capacitada.

Respecto a las consideraciones jurídicas de las perversiones, en la historia de España es importante el punto de inflexión que supuso una sentencia del año 2019. El padecimiento de algún tipo de trastorno que esté afectando a la capacidad de entender o a la capacidad de tomar decisiones libremente puede ser considerado como atenuante o eximente cuando se demuestre que ha estado implicado en la comisión de un delito. En el 2019 el Tribunal Supremo eliminó la perversión como eximente en los delitos sexuales.

En la costa valenciana, entre los municipios de Sueca y Cullera, en un tramo aún sin construir, en una zona de dunas y casi siempre vacío de bañistas, un hombre pertrechado con un sombrero de paja y unas gafas de sol negras abusó y agredió sexualmente entre 2014 y 2016 a 11 mujeres. En otoño de 2015, el hombre se masturbó, tapado con una toalla, delante de una embarazada; y le dijo «vamos a follar», a lo que ella le dijo «degenerado, no ves que estoy embarazada», y el acusado le contestó «gírate porque si estás embarazada aún me pones más cachondo». El 6 de junio del año siguiente, aprovechó que una mujer paseaba con auriculares por la playa para acercarse a ella, agarrarla por la cintura, tocarle el culo y meterle «la mano por el interior de la parte inferior del bikini hasta introducirle un dedo en la vagina». Solo cuatro días después, «se colocó de pie justo detrás de ella a la altura de su cabeza [cuando estaba tumbada] y comenzó a masturbarse mientras la miraba, llegando a eyacular sobre su bolso», según consta en la sentencia.

La Audiencia Provincial de Valencia lo condenó por abuso sexual, agresión sexual en grado de tentativa, agresión sexual y violación. El acusado recurrió, entre otras razones, alegando una parafilia, en su caso un trastorno de exhibicionismo. La cuestión pasó al Supremo, que ha desestimado su recurso y ha confirmado la condena de la Provincial, incluyendo por primera vez un informe sobre la «incidencia de la parafilia en la imputabilidad del sujeto autor del delito contra la libertad sexual». El Supremo rechazó tajantemente la consideración de las parafilias como causa de inimputabilidad: «Ello no puede en modo alguno, por sí mismo, anular la conciencia y voluntad del mal que se está haciendo. Se sabe y conoce lo que se hace. Se sabe que es incorrecto, y pese a ello persiste en su conducta».

En esta búsqueda individual del placer sexual, utilizando el cuerpo de la otra persona sin su consentimiento, pese a saber que no se cuenta con él, nos encontramos una práctica parafílica que ha requerido de la aplicación de medidas en el transporte público en medio mundo. Es más, precisamente el placer furtivo del que «hurta» el cuerpo de la otra persona para la propia excitación es la clave de esta práctica.

El froteurismo es una forma de excitación sexual a través del frotamiento de los genitales contra el cuerpo de otra persona sin que esta preste su consentimiento. Esta agresión de la intimidad de otra persona no es el preludio de un encuentro erótico entre ambas. En la mayoría de los casos, el froteurista se excita con el roce para posteriormente masturbarse en privado y aprovechan el anonimato que les da encontrarse rodeados de mucha gente. Como todos los agresores, seleccionan cuidadosamente a sus víctimas, entre las que esperan que, por la vergüenza y por el estado de *shock* que les generan, no vayan a reaccionar.

En algunas capitales del mundo como Tokio dos de cada tres mujeres han sufrido estas agresiones en la red del metro principalmente, y en países como México esta práctica está muy extendida. En algunos países incluso se hacen quedadas a través de las redes sociales para hacer estos tocamientos en los vagones del transporte público.

El metro de Medellín dispone incluso de un blog para sensibilizar a las mujeres y a todos los viajeros de lo extendido de esta práctica y concienciar sobre la agresión que representa para las mujeres que son víctimas. En Tokio se han visto obligados a segregar a los hombres y a las mujeres en vagones diferenciados en la hora punta del día, pues el grado de denuncias por esta práctica iba en aumento y registraba datos intolerables.

Pero ¿qué hay en la mente de las personas que llevan a cabo conductas parafílicas y que nos dice esto de su sexualidad?

La explicación primera que se nos viene a la mente en el caso del froteurismo en la sociedad nipona parece tener que ver con la importante inhibición del contacto interpersonal a nivel cultural que pueda haber generado una clase de fantasía sexual social extendida en la que el contacto humano tan moralmente rechazado se ha convertido en algo altamente estimulante por ser prohibido y placentero al mismo tiempo. Sin embargo, la explicación no puede aplicarse al pie de la letra en estos otros países en los que, sin haber esa represión marcada del contacto, se ejerce la agresión a la intimidad de la mujer de la misma manera.

En Ciudad de México, en el año 2008 se implantó el programa Viajemos Seguras en el transporte Público de la Ciudad de México para prevenir, atender y sancionar la violencia sexual en contra de las mujeres que viajaban en el transporte público. Por una parte, aplicando medidas de segregación en vagones diferenciados, y por otra, intensificando la persecución judicial de los agresores. En Nueva York, la persecución al *subway grinding*, como se conoce allí a esta práctica, se coló en la campaña electoral como un objetivo prioritario.

Los perfiles psicológicos de los parafílicos pueden ser muy diferentes si nos referimos a los que desarrollan conductas pedofílicas, los que experimentan placer sexual con parafilias que no requieren el consentimiento de una tercera persona, como en el fetichismo, o bien los que llevan a cabo conductas parafílicas con consentimiento de terceras personas, como puede ser el sadomasoquismo, de aquellos que para la excitación sexual requieren poner en marcha conductas como el exhibicionismo, el voyerismo o el froteurismo, que invaden la intimidad de la persona objeto de la parafilia y más claramente en el caso de la necrofilia, en el que se utiliza el cuerpo fallecido de la persona como objeto sexual. En este último caso en ocasiones la conducta parafílica va acompañada del asesinato previo de la víctima para así poder disfrutar de su cuerpo difunto.

En algunos estudios que evaluaban rasgos de personalidad se observaron puntuaciones más elevadas en psicopatía en aquellas parafilias en las que no se requiere el consentimiento de la víctima, y también, en menor grado, en las personas que experimentan placer mediante conductas sádicas y de dominación.

Las parafilias pueden tener en común la excitación mediante un objeto sexual como en el fetichismo o en la consideración de la persona que participa de la conducta sexual como un objeto de deseo, prescindiendo de su condición de persona humana y en cierto modo, de la conexión emocional y la empatía con su vivencia durante el acto sexual. En esa consideración de objeto, el cuerpo deseado puede ser generador de excitación independientemente de la persona que es ese cuerpo.

En las conductas violentas tanto consentidas como no consentidas, son el sufrimiento y la vivencia de control los que generan la excitación sexual.

Recientemente se ha publicado en la revista *Neuron* la implicación de una estructura cerebral, llamada la amígdala por su forma almendrada, en los comportamientos que producen placer y dolor simultáneamente, y su estrecha relación con el sistema de la recompensa. En la población sana estas situaciones se dan cuando vemos una película de miedo o cuando montamos en una montaña rusa. En las personas masoquistas, los estímulos dolorosos y placenteros van íntimamente ligados. En los asesinos sádicos, es una activación anómala de esta estructura la que desencadena sensación placentera ante el sufrimiento ajeno.

Tradicionalmente se había implicado a la amígdala en comportamientos relacionados con el miedo. Sin embargo, se ha visto que está intensamente implicada en las conductas que desencadenan miedo, placer y dolor simultáneamente. Porque las conductas sexuales, el dolor y la agresividad, a nivel neurobiológico, están íntimamente ligados, más conectados de lo que, desde lo «socialmente correcto», se esperaría. Recientemente se han publicado investigaciones que demuestran que hay unos grupos neuronales implicados tanto en la conducta sexual como en la conducta violenta. Los autores señalan que hay una gran probabilidad de que estos hallazgos realizados en diversas especies animales puedan ser replicados en el ser humano.

No debería sorprendernos la estrecha relación entre sexo y violencia, dadas las similitudes entre los dos comportamientos en el mundo animal. Ambos implican un acercamiento inicial, olfateo, y en muchos animales el comportamiento sexual se ve acompañado de agresiones, por ejemplo, morder. Parece que evolutivamente ambas conductas se han ido desarrollando en las diferentes especies, de la mano.

En la evolución, hay varios argumentos que permiten explicar por qué ambas conductas se han desarrollado tan estrechamente juntas. La agresión entre machos se usa para luchar por el acceso a recursos como comida, territorios o hembras, y la agresión permitiría a los animales competir sexualmente. Esto explicaría por qué los grupos neuronales se encuentran tan próximos cerebralmente, tan interconectados y muestran un solapamiento en su activación. Aunque estos hallazgos se han llevado a cabo en animales por la limitaciones que presenta la investigación en humanos vivos, las conclusiones extraídas pueden permitir aproximar explicaciones sobre el procesamiento de la información neuronal entre las especies.

Después de todo, las partes del cerebro donde se encuentran estas neuronas son algunas de las partes más «evolutivamente antiguas» del cerebro humano y que guardan más similitud con otros mamíferos e incluso especies inferiores. Aunque no hay certeza de que las neuronas humanas se comporten de la misma manera, todo hace pensar que es así, vista la alarmante frecuencia con la que el sexo y la violencia se superponen entre humanos.

Se ha visto además que, en animales los dos comportamientos se refuerzan mutuamente. Los animales con experiencias sexuales son más agresivos, lo cual indicaría que esta tensión podría estar relacionada con las conductas sexuales desadaptativas en humanos.

Esta relación íntima entre la agresividad y el placer, los circuitos de la recompensa y los mecanismos que subyacen a la empatía permiten entender esos comportamientos criminales en los que hay un patrón repetitivo en el que el sufrimiento de las víctimas genera placer.

Algunos estudios de neuroimagen reportaron que la actividad cerebral ante imágenes de dolor es diferente entre personas sádicas y no sádicas. Cuando los sádicos son expuestos a imágenes donde se infringe dolor a otro individuo muestran una mayor actividad en zonas cerebrales que procesan el dolor y el miedo, como la amígdala izquierda, contrario al grupo control, quienes no mostraron dicha actividad ante tal estímulo. Además de la implicación de la amígdala tanto en conductas sexuales como agresivas, se sabe que su actividad es dependiente de los niveles de noradrenalina central, y el incremento de noradrenalina podría explicar la excitación sexual generalizada. Por lo tanto, en un individuo con un umbral muy alto de excitación sexual necesitaría sentir dolor o infringirlo a otra persona para lograr un incremento suficiente de actividad noradrenérgica y con ello la correspondiente excitación sexual e implicar a toda la región de la amígdala, incluida la específicamente relacionada con la conducta agresiva, para lograr la excitación sexual, por el mecanismo ya descrito de refuerzo entre ambas regiones.

Otros autores han explorado la neurobiología del sadismo sexual no consentido (a diferencia de las personas que practican BDSM) desde la perspectiva de la empatía, a través de los efectos del sistema oxitocinérgico, viendo que los individuos sádicos esencialmente tenían menos actividad del sistema oxitocinérgico.

En algunos estudios comparando personas con tendencias sadomasoquistas y otras que no las tenían se pudo identificar qué factores biológicos como la identidad de género, los niveles de hormonas sexuales y la constitución neurológica del cerebro, especialmente la de los sistemas neuronales del dolor y la recompensa, influyen en la orientación BDSM. En cuanto a los factores psicológicos, tanto los rasgos de personalidad (p. ej., niveles más altos de apertura o extraversión) y la presencia de un trastorno de la personalidad se han asociado con un mayor interés en el BDSM, aunque solo se dispone de pruebas limitadas que lo respalden. Además, los niveles elevados en las escalas de búsqueda de sensaciones e impulsividad parecen contribuir, porque presumiblemente guían el impulso de uno para explorar cosas nuevas o desviaciones sexuales más intensas. Mientras que los estilos de apego impactan la dinámica de pareja, también influyen en la disposición a explorar los límites a la sexualidad en un contexto BDSM. Por último, también se ha demostrado que el nivel educativo impacta la dinámica relacional y sexual.

Entre las parafilias que transitan necesariamente más allá de la muerte nos encontramos la necrofilia y el canibalismo, que por su infrecuencia no hemos mencionado entre las parafilias frecuentes.

Después del estreno en Netflix de *La historia de Jeffrey Dahmer*, se ha despertado una curiosidad particular, para entender la mente de este asesino en serie que se cobró la vida de 17 hombres y que le llevó a ser conocido como el caníbal de Milwaukee.

Desde su infancia, Dahmer presentó un interés desmesurado e inusual por los cadáveres, vísceras y huesos, que coleccionaba y escondía en su cuarto y en otras partes de su casa, donde hacía pequeños altares con los huesos de cuerpos de animales que se encontraba, aunque para recopilar estos tesoros, parece que nunca mató a ningún animal ni les hizo daño, incluso llegó a rescatar algunas especies y cuidar de ellas.

Conforme fue creciendo fue definiéndose una personalidad obsesiva y retraída, con dificultades en sus relaciones y pocos amigos. Su obsesión por tener el control absoluto le llevó a desear al perfecto «esclavo sexual», que complaciera todas sus necesidades, sin decir una sola palabra y sin realizar un solo movimiento, siendo esa su principal motivación, que le llevó a cometer la mayor parte de sus asesinatos.

Durante su juicio se le atribuyeron numerosos diagnósticos. Desde el trastorno límite de la personalidad hasta la psicosis o el trastorno obsesivo compulsivo, sin embargo se consideró que estaba mentalmente cuerdo cuando cometió sus crímenes. La realidad es que su instinto asesino fue una mezcla de todos ellos, de sadismo y de la esplacnofilia, además de prácticas como la necrofilia y el canibalismo.

Cometió su primer asesinato en 1978, tres semanas después de su graduación. Dahmer recogió a un chico de casi 19 años llamado Steven Mark Hicks. Lo atrajo a su casa con el pretexto de beber.

Según Dahmer, la visión de Hicks con el pecho desnudo de pie al lado de la carretera despertó sus sentimientos sexuales, aunque cuando Hicks empezó a hablar de chicas, sabía que cualquier insinuación sexual que hiciera sería rechazada. Tras varias horas de hablar, beber y escuchar música, cuando Hicks ya quería irse, lo golpeó con una mancuerna por detrás mientras estaba sentado en una silla. Cuando Hicks cayó inconsciente, Dahmer lo estranguló hasta la muerte con la barra de la mancuerna, luego despojó la ropa del cuerpo de Hicks antes de explorar su pecho con sus manos, para luego masturbarse mientras estaba sobre el cadáver.

Al día siguiente, Dahmer diseccionó el cuerpo de Hicks en su sótano y enterró sus restos en una tumba poco profunda en su patio trasero. Varias semanas después, los desenterró y separó la carne de los huesos, la disolvió en ácido y tiró la solución por el retrete. Trituró los huesos con un mazo y los esparció por el bosque que había detrás de su casa.

En estos días de verano del 2023 en los que es un tema de actualidad el asesinato en Tailandia de Edwin Arrieta por Daniel Sancho, que troceó su cadáver después de asesinarlo, tenemos que diferenciar la conducta de Dahmer de este otro final macabro. Jeffrey disfrutaba viendo las vísceras de sus víctimas en sus manos, de ahí el término de esplacnofilia, como derivada del canibalismo, el sadismo y la psicopatía en su búsqueda del amante zombie perfecto como término último de su necrofilia.

El 22 de julio de 1991, Tracy Edwards, su última víctima, consiguió escapar esposado. La policía investigó el suceso y fue al apartamento donde había sucedido la escena y, al revisar la habitación, descubrieron varias fotografías de cadáveres. Aunque Dahmer intentó huir, fue detenido. Además, encontraron una cabeza humana en el refrigerador, dos bolsas en el congelador que contenían un corazón humano y unos genitales masculinos. En la recámara se encontraron cinco cráneos y diversos objetos como cuchillos, sierras y martillos, así como fotos detallando procesos de desmembración de cuerpos humanos. En otro cajón se encontró un esqueleto completo con los huesos limpiados con cloro, un cuero cabelludo disecado y un tambor de 260 litros lleno de ácido con tres torsos y otras partes humanas.

Los psiquiatras que lo atendieron le dijeron que estaba enfermo, por lo que se declaró culpable con la atenuante de enajenación mental, para ser condenado a una cárcel especial para enfermos mentales, pero el atenuante fue finalmente rechazado. Fue condenado por quince de los dieciséis asesinatos que había cometido en Winsconsin y fue sentenciado a quince cadenas perpetuas el 17 de febrero de 1992. Más tarde, Dahmer fue sentenciado a una decimosexta cadena perpetua por un homicidio adicional cometido en Ohio en 1978. El criminal admitió haber practicado el canibalismo y devorado los bíceps de una de sus víctimas. Señaló que se masturbaba ante los trozos humanos y las calaveras de aquellos que consideraba hermosos y a quienes no quería perder.

El 28 de noviembre de 1994, Dahmer fue asesinado a golpes por Christopher Sacrver, un compañero de prisión en la Institución Correccional de Columbia en la ciudad de Portage, Winsconsin. Después de romperle el cráneo con una barra de hierro, informó a los funcionarios de prisiones «Dios me dijo que lo hiciera. Jeffrey Dahmer está muerto».

9. Delitos sexuales en el espacio virtual

María no podía saber que Laura, su nueva amiga de Facebook, ni se llamaba Laura ni tenía 13 años como ella, sino que era un hombre de Santander de 50 años que se había ganado su confianza para obtener de ella fotografías con poca ropa y cada vez de contenido más erótico y que, como a ella, antes había conseguido embaucar a otras adolescentes ingenuas que no habían sabido detectar el riesgo que compartir imágenes con desconocidos en las redes sociales les podía llegar a acarrear.

Este es un fenómeno relativamente nuevo y cada vez más extendido, desde que el uso de las redes sociales se ha hecho habitual y que, cada vez, niños más pequeños tienen acceso a interactuar en internet sin apenas supervisión por parte de los adultos. Un estudio llevado a cabo por Save the Children en 2019 indica que los menores comienzan cada vez antes a relacionarse con la red, llegando ya a iniciarse en los contenidos de internet a los 7 años de edad y siendo utilizado por el 95,1 % de los niños y niñas de entre 10 y 15 años.

Es conocido con el nombre inglés de *grooming*, que significa literalmente cepillar el pelo de un animal o asearlo y que hace referencia al trabajo de seducción y engaño que un adulto ejerce sobre un menor en internet para obtener de él imágenes de contenido sexual.

Y es que el entorno digital, como vemos, no está exento de riesgos. Según datos del Ministerio del Interior respecto a la cibercriminalidad en el año 2022 se presentaron 954 denuncias por delitos sexuales cibernéticos que tenían como víctima a un niño, niña o adolescente, de las cuales 64,6 % eran chicas. Las denuncias que tienen como víctima a la infancia y adolescencia representan el 84 % del total de este tipo de delitos.

Los primeros casos denunciados se remontan a la segunda década del siglo. En junio de 2009 se conoció un grave caso de *grooming* múltiple perpetrado por un joven de Chipiona, Cádiz, sobre muchachas de diversos países.

El procedimiento fue el habitual en este tipo de delitos. Conocía a sus víctimas en chats y redes sociales donde solía hacerse pasar por una niña o un adolescente y llegó a contactar con al menos 250 chicas menores de edad, a las que amenazaba y coaccionaba para que le enviasen fotos o videos de contenido sexual. A las que se negaron, las amenazó con entrar en sus ordenadores y lo llegó a hacer en varias ocasiones.

Para ganarse su confianza utilizaba personalidades diferentes, de ambos sexos y un variado rango de edad, y les solicitaba fotografías o videos desnudas y con contenido sexual. Si no accedían, pasaba a mostrar una actitud hacia ellas más agresiva con amenazas e insultos, y mediante técnicas de *hackeo* informático para quebrar la seguridad de su ordenador, tomaba el control de sus cuentas de correo electrónico de las niñas y entonces empezaba la extorsión y el chantaje. Les coaccionaba a que, si no accedían a sus demandas, les enviaría a sus contactos contenido privado o perderían su lista de contactos. Este acoso psicológico se llegó a prolongar durante meses.

El delincuente fue detenido en octubre de 2008 y aún y todo, continuó amenazando y coaccionando a algunas de sus víctimas por lo que el juez ordenó su detención y su ingreso en prisión.

A menudo, la vergüenza de saberse engañadas hace que las víctimas no comenten su situación con sus padres o con otros adultos o que cedan a los chantajes para que el perpetrador no cumpla sus amenazas, con lo que la situación de acoso se prolonga en el tiempo y cada vez el acosador logra obtener más materiales audiovisuales con los que chantajear al menor.

En este caso se ven todos los elementos del *grooming*:

Buscan a sus víctimas a través de redes sociales, blogs, salas de chat, foros, etc. en una primera fase, para, a continuación, iniciar la interacción con ellos hasta establecer un vínculo de confianza, ya sea a través del engaño, soborno, coacción, fingir otra identidad, etc.

Para lograrlo, se hacen pasar por otro menor y seducen a sus objetivos a través de la atención, el afecto, la bondad, e incluso haciéndoles regalos. Pueden conocer las últimas novedades de música y deportes y aparentan compartir las aficiones como el cuidado de las mascotas para establecer una complicidad con los niños. Se convierten en sus mejores amigos escuchando sus problemas, compadeciéndose de ellos y dándoles consejos incluso compitiendo con padres y otros adultos a los que van desplazando para generar el aislamiento de la víctima para asegurar su desprotección y que el abuso no se descubra.

Conocen muy bien el procedimiento y van valorando el riesgo con preguntas y acciones de control para garantizar que la situación de abuso sigue sin salir a la luz. Progresivamente van introduciendo los contenidos sexuales hasta llegar a realizar la petición sexual que puede ser de material audiovisual un encuentro físico o ambos.

Cuando el menor se resiste a continuar con el intercambio de material aparecen las coacciones, amenazando con distribuir las imágenes ya recibidas, en caso de no querer facilitar más, si no accede a pretensiones de contacto físico o si desvela lo que está sucediendo a otros adultos para pedirles ayuda.

A diferencia de la pederastia o la pedofilia «clásicas» cuando el delito se produce a través de las redes sociales, el acceso al menor puede estar facilitado por la posibilidad de utilizar identidades falsas para acercarse a él. Ya no va a tener que buscarlo en parques o a la salida de los centros educativos, sino desde el salón de su casa y pueden utilizar dotes de convencimiento y de ingeniería social informática para acceder a sus víctimas.

Algunas clasificaciones diferencian a los pedófilos y los pederastas de los *boylovers* y *girlovers*. A diferencia de aquellos que son conscientes de estar transgrediendo, al menos, una norma social, estos, incluso han constituido asociaciones para defender que la sexualidad con niños es una opción tan válida como la que se practica con adultos, y consideran que el problema está en la sociedad actual, que no entiende ni acepta este tipo de relaciones. Otros son los pedófilos que satisfacen sus instintos sexuales viendo contenidos sexuales o pornográficos en los que las relaciones sexuales las mantienen menores o están en posiciones sexualizadas, y comparten imágenes en internet. Los pederastas satisfacen sus instintos sexuales manteniendo relaciones sexuales con menores y pueden además realizar intercambio de imágenes pedofílicas. Algunos se escudan en la atribución de que la capacidad de consentir de los menores es equiparable a la de los adultos, y que si han aceptado las prácticas sexuales propuestas por ellos ha sido desde su libre albedrío, y que incluso los niños van provocando su sexualidad. Incluso algunos equiparan la tendencia homosexual como una desviación comparable a la tendencia «paidofílica».

Llama la atención del estudio de Save The Children del 2023 que los perpetradores en el 47 % fueron desconocidos y que en el 95 % de los casos no tenían antecedentes penales de ningún tipo.

Con más frecuencia, son las madres las que primero son conocedoras de la situación y emprenden las medidas policiales y judiciales oportunas para sacar al menor de la situación de extorsión.

Es lo que sucedió en el caso que saltó a la luz en Extremadura en julio del año 2023. Un adolescente, víctima de *grooming* cae en sextorsión y su madre contacta con el servicio Tu Ayuda en Ciberseguridad para socorrerle.

El joven había comenzado a hablar por Instagram con una chica de 17 años que acabó extorsionándole. Tras hacerse con su confianza, empezó a presionarle para que le enseñara sus partes íntimas mediante videollamada. Una vez lo hizo, le pidió dinero a cambio de no difundir esas imágenes. El adolescente accedió a pagarle con la tarjeta del banco de sus abuelos, consiguiendo solo que la extorsión fuese a mayores. Cuando pidió ayuda a su madre pudieron descubrir que la cuenta que había recibido las transferencias era de Costa de Marfil.

Tu Ayuda en Ciberseguridad es el servicio nacional gratuito y confidencial que el Instituto Nacional de Ciberseguridad de España pone a disposición de los usuarios de internet para ayudarles a resolver los problemas que puedan surgir en el día a día del uso de las nuevas tecnologías y está atendido por un equipo multidisciplinar de expertos, que como sucedió en este caso, comienzan el abordaje proporcionando apoyo psicosocial para rebajar el nivel de ansiedad y estrés por parte del menor y también por la familia para favorecer su comprensión.

Las víctimas de sextorsión pueden haber sido previamente víctimas de *grooming* o también haber practicado *sexting* con consecuencias no deseadas. El *sexting* en sí mismo no es un delito. Su nombre es un acrónimo de *sex* o sexo y *texting* o escribir mensajes. Consiste en enviar mensajes, fotos o videos de contenido erótico y sexual personal a través del móvil mediante aplicaciones de mensajería instantánea o redes sociales, correos electrónicos u otro tipo de herramienta de comunicación.

En el estudio de Save de Children de 2019 se encuestó a 400 jóvenes de toda España, de los que más de tres cuartas partes afirmaron haber sido víctimas de ciberacoso durante su infancia y, además, el 3,75 % padeció *sexting* sin consentimiento.

El *sexting* puede formar parte de las relaciones íntimas entre dos personas cuando tienen una relación de pareja y la distancia impide otros contactos sexuales o como forma de mantener la tensión sexual cotidiana, y también se llega a utilizar como forma de acercamiento tras conocer a alguien en una app de contactos para explorar la sintonía sexual. Sin embargo, no siempre los usuarios de estas prácticas respetan esa intimidad y los contenidos audiovisuales pueden llegar a caer en manos de muchos.

En el 2019 España se hizo eco del caso dramático de Verónica, que se suicidó tras viralizarse en su empresa un video sexual. Tenía dos hijos de 9 meses y 4 años. No pudo soportar la presión tras difundirse en un grupo de Whatsapp un video sexual en el que aparecía ella sola y que había compartido 5 años antes con una persona de su misma empresa con quien había mantenido una relación sentimental. Ese noviazgo terminó y posteriormente Verónica se había casado y había tenido a sus dos hijos. Sin embargo, el examante quiso volver con ella, y ante su negativa la chantajeó con difundir el video, y llegó a cumplirlo.

Más de 7 de cada 10 víctimas de delitos sexuales en el espacio digital son mujeres. La violencia de género que existe en el espacio físico también se replica en internet. En parte por esto, las mujeres tienen menor confianza en que se pueda garantizar la navegación por internet de forma segura.

Como en este caso, lo que tendría que ser un juego erótico y placentero puede llegar a convertirse en un verdadero drama si no se tienen en cuenta los riesgos que comporta. Por eso, el *sexting* en sí mismo no es delictivo, aunque sí si su mal uso lleva a la sextorsión o si se realiza con menores y va precedido del *grooming*.

A veces estos delitos van acompañados del denominado *stalking*. El *stalker* acosa a sus víctimas en las redes sociales. Este término empezó a utilizarse para describir a las personas que acechaban a las celebridades obsesionados con ellas. Con la revolución de internet y la facilidad para acceder a información de las personas, este delito se ha extendido más allá de las *celebrities*. Este acoso se puede hacer mediante suplantaciones de identidad e incluso mediante vigilancia digital a través de la utilización de *spyware* o *software* espía que se instale directamente en los dispositivos de las víctimas.

Selva Orejón es la directora ejecutiva de OnBranding, una empresa especializada en reputación *online*, vigilancia y seguridad digital que trata multitud de casos de acoso, y nos proporciona unos consejos sencillos para protegernos de estos delitos:

- Guardar pruebas de todo el contenido usando para ello testigos digitales y herramientas válidas para certificar las evidencias digitales.
- Tras recabar todas las pruebas, bloquear al acosador en todas las cuentas de plataformas/redes sociales y solicitar ayuda.
- Denunciar el caso a la policía o juzgado, pero midiendo bien los tiempos, ya que es importante disponer de una carga de pruebas suficiente a la hora de hacerlo por lo que no siempre es buena idea denunciar de inmediato.
- Contar siempre con ayuda profesional para la investigación del caso.

Este ámbito, por desgracia, está en auge porque los ciberdelitos se han incrementado exponencialmente en los últimos años y especialmente los delitos sexuales. En el Informe de Cibercriminalidad en España publicado por el Ministerio del Interior se confirma esta tendencia ascendente, constatándose que una de cada dos víctimas de la ciberdelincuencia sexual es mujer y menor de edad. Así, de las 1135 víctimas de delitos sexuales que denunciaron, 954 fueron menores, y de ellas, 616, niñas.

Durante la pandemia, no solo en España, sino también en otras partes del mundo, crecieron alarmantemente los delitos sexuales por internet contra menores. Por ejemplo, la organización Grooming Argentina y su director, Hernán Navarro, informaron que estos delitos crecieron en un 200 %, y se puso de manifiesto que la ley había quedado obsoleta.

El caso de Micaela Ortega, una niña de 12 años asesinada por su ciberacosador en el año 2016, impulsó la ley del *grooming*. Jonatan Luna la había contactado por Facebook haciéndose pasar por una menor de edad, habiendo ganado su confianza siguiendo todas las etapas del ciberacoso sexual infantil, hasta lograr una cita con ella, en la que la asesinó a las afueras de la ciudad de Bahía Blanca. Pese a que la ley data del año 2013, Hernán Navarro llama la atención sobre la transversalización del mundo digital llevada a cabo tras la pandemia y sobre la amenaza que la inteligencia artificial representa a la aplicación de las leyes.

En Perú también se ha aprobado recientemente a finales del 2023 una actualización de la Ley de Delitos Informáticos que castiga con penas de hasta 9 años de prisión a las propuestas a niños y niñas menores de 14 años con fines sexuales a través de las tecnologías de la información.

A veces los ciberdelincuentes sexuales son personas solitarias que siguen su pulsión sexual paidofílica amparándose en el anonimato que proporciona internet, y otras son parejas o exparejas despechadas que violan el acuerdo de intimidad en el uso de material audiovisual sexual, pero también en ocasiones son organizaciones criminales compuestas por varios delincuentes.

Tras una gran operación policial denominada Montetriste, a principios del 2023 desarticularon en Valencia un grupo dedicado a la sextorsión, en la que detuvieron a 5 adultos asentados en Valencia y con numerosos antecedentes por hechos delictivos similares cometidos con el mismo *modus operandi* en otros puntos del territorio nacional. La víctima, tras contactar con una chica a través de una página web de contactos sexuales, recibió una llamada a su teléfono móvil en la que le amenazaban con darle una paliza si no pagaba cierta cantidad de dinero tras haberse hecho con imágenes íntimas de él. Ante las reiteradas llamadas y amenazas en las que llegó incluso a temer por su vida, realizó varios envíos de dinero de casi 500 euros. Durante la investigación se identificaron otras víctimas del mismo grupo de delincuentes en Formentera y Ciudad Real que habían pagado también distintas cantidades de dinero creyendo que así podrían poner fin a las extorsiones.

En octubre del 2023 se alertó que grupos criminales procedentes de África se habían especializado en la extorsión a hombres de todas las edades que se habían conectado a una videollamada con contactos de una página web de contactos sexuales. Hasta exigencias de 75.000 euros por haber enviado a una presunta amante videos sexuales privados que luego resultó ser un delincuente que amenazaba con difundir el video si no se le satisfacía esa cantidad de dinero. Las autoridades advierten de que los desnudos no desaparecen de internet y pueden acabar en páginas pornográficas y de la importancia de ser consciente que todo lo que se envíe o se vea en una videollamada va a quedar grabado, que será imposible recuperar esas imágenes y que evitar su distribución a miles de sitios web será imposible. Sobre todo, alertan del intercambio de este tipo de imágenes con desconocidos.

Otro orden de ciberdelitos relacionados con las relaciones sexoafectivas son las de los llamados estafadores del amor o romance *scam*. En octubre del 2023 se constituyó la primera asociación de afectados por timadores del amor, poniendo de manifiesto que cada vez hay más casos de personas afectadas por fraudes emocionales, que las estafas no son solo económicas, sino también sentimentales, y que sus tácticas son cada vez más sofisticadas. Se aprovechan de sus víctimas para obtener en algunos casos grandes cantidades, superiores a los 100.000 euros, y se han llegado a apropiar de hasta 500.000 euros de alguna de las víctimas, aunque habitualmente las estafas rondan entre los 200 y los 35.000 euros...

En Netflix se popularizó un estafador israelí que engañaba a las chicas que conocía a través de Tinder haciéndoles creer que tenía muchísimo dinero, y llegando a robar casi 10 millones de dólares durante los tres años que estuvo estafando a estas mujeres.

Hoy en día es habitual utilizar aplicaciones de este tipo para conocer gente y para entablar relaciones sexuales y o afectivas, y sin embargo el delito de estafa por parte de alguien con quien mantenemos una relación sentimental no está tipificado en el código penal porque se presupone la voluntariedad de los intercambios mantenidos en el seno de la relación.

La asociación ha tomado el nombre de su presidenta, Emilia Zeballos, abogada de profesión, sensibilizada con la situación de estas víctimas y con la preocupante realidad de que esta forma de estafa se ha convertido en una forma de vida para un grupo de personas que quedan impunes y de los que tienen identificados a 400, uno de ellos que ha estafado a más de 100 mujeres diferentes. Tienen en común su gran carisma, su ausencia de escrúpulos y su gran capacidad para empatizar con sus víctimas, lo que les facilita conectar con ellas y hacerles creer que pueden ser sus parejas.

Todo esto nos recuerda que igual que fuera del ciberespacio, en él los delitos sexuales son un acontecimiento demasiado frecuente que se debe tener presente para mantener la prudencia y la protección y ponen de manifiesto la importancia de la educación como principal herramienta para protegerse de ellos.

10. Violencia sexual como arma de guerra

El día 7 de octubre ha quedado grabado en la memoria de medio mundo como el día en que empezó algo para lo que aún no podemos imaginar el alcance.

Una de las primeras imágenes que dio la vuelta al mundo fue la de Naama Levy, con la culera del pantalón totalmente ensangrentada y el tendón del tobillo cortado para no poder huir, sacada a la fuerza de la parte de atrás de un Jeep por uno de los terroristas de Hamas mientras se escuchan los gritos de «*Allah Akbar*». Todo indica que padeció una brutal violación.

Naama Levy, de 19 años, era activista por la paz antes del 7 de octubre, voluntaria en favor de colectivos desfavorecidos, especialmente niños, y bisnieta de supervivientes del Holocausto. Además Naama participó en el proyecto Manos de Paz en Estados Unidos, donde jóvenes estadounidenses, israelíes y palestinos se unieron para promover la cooperación y la búsqueda de la paz como un medio para el cambio social global. En el momento de la publicación de este libro, aún no ha sido liberada por los secuestradores de Gaza. Su madre, médico del equipo de futbol nacional femenino de Israel, ha encabezado una movilización para pedir la liberación de todos los rehenes.

Ese día, los terroristas de Hamás arrasaron el sur de Israel y asesinaron a cientos de civiles inocentes y secuestraron a casi

250 personas. Además, violaron a decenas de mujeres, incluyendo menores, y lo hicieron con una violencia extrema y no como algo espontáneo, sino como una parte planificada del ataque. A algunos los violaron delante de sus familias para infringirles una especial humillación a todos ellos.

Al revisar las mochilas de los terroristas que fueron abatidos, encontraron manuales sobre cómo violar, especificando que esta era una forma de ensuciar a las mujeres israelíes. Tal como se especificaba en esos manuales, en cada zona en la que se produjo el ataque había un «comandante responsable de la violencia contra las mujeres», demostrando que este era uno de los elementos más de la operación militar planificada.

De las autopsias de los terroristas abatidos se pudo saber que antes del ataque habían consumido captagón, la llamada «droga de los yihadistas». El captagón es una anfetamina que anula la sensación de miedo y de fatiga. Produce euforia y desinhibe los impulsos, acrecentándolos. Ya antes había sido usada por los terroristas del ISIS y en la guerra de Siria. No solo se ha utilizado en la guerra, sino que también se comercializa con fines recreativos. Ahora se produce mayoritariamente en Siria e ingresa a Irak a través de la frontera entre ambos países, y la provincia de Al-Anbar, de la que Ramadi es capital, es su principal punto de tránsito hacia Europa.

Otra señal más de la planificación de las violaciones como arma de guerra es que, según se desprende de los documentos encontrados en las mochilas de los terroristas, estos habrían recibido un permiso especial de imanes en la Franja para poder llevar a cabo las violaciones, ya que el sexo fuera del matrimonio está condenado según la versión brutalmente rigurosa del islam que sigue Hamás.

La mayor parte de las mujeres que fueron atacadas sexualmente fueron también asesinadas. Sin embargo, se han logrado reunir testimonios inequívocos que dan una idea de la escala de la violencia ejercida y de lo brutal que fue en la mayor parte de los casos.

De los interrogatorios a terroristas de Hamás que fueron capturados se obtuvo un documento en árabe que les indicaba cómo pronunciar «quítate los pantalones» en hebreo. Uno de ellos explicó haber recibido la indicación de tener también sexo con cadáveres, con mujeres muertas.

Los informes de los forenses que evaluaron los cadáveres de las víctimas pormenorizaban los detalles escabrosos de los crímenes. Se encontró el cuerpo de una mujer mutilada con tijeras y otra apuñalada con un cuchillo. También observaron que fueron mutilados los genitales de algunos hombres asesinados como si tuvieran la indicación explícita de atacar los órganos sexuales. Algunas mujeres fueron disparadas en la vagina y en el pecho.

El relato de una testigo afortunadamente superviviente de la masacre pero traumatizada para el resto de sus días describió cómo vio que tumbaron a una mujer y la violaron por turnos y luego vio que le cortaron los pechos y la tiraron a la carretera jugando con ella.

Otro testigo horrorizado contó cómo los atacantes de Hamas mataron a una rehén mientras la violaban en grupo. Mientras aún la violaban le dispararon en la cabeza y luego varios terroristas mutilaron su cadáver.

Un soldado de la unidad de rescate que participó en las actividades de los días siguientes en los kibutz masacrados, declaró que vio a dos chicas tumbadas en un dormitorio, una de ellas medio desnuda, con las piernas abiertas y dijo que vio lo que parecía ser esperma en su espalda. Uno de los cadáveres estaba tan gravemente maltratado que no se podía distinguir si se trataba de un hombre o de una mujer.

También vio a una mujer con un disparo en la nuca que estaba tendida en su cama, desnuda de cintura para abajo y sostenía una granada en la mano. Otro cuerpo tenía clavos.

«Me llamaron a una casa, me dijeron que allí había unos cuantos cadáveres. Vi ante mis ojos a una mujer tumbada. Estaba desnuda y tenía clavos y diferentes objetos en sus órganos femeninos. Su cuerpo fue brutalizado de tal forma que no pudimos identificarla», añadió.

Otras tenían la cara mutilada o varios disparos en la cabeza. Había niñas con la pelvis rota a causa de violaciones repetidas, con las piernas abiertas en canal.

«Oímos a niñas que sacaban de los refugios. Chicas que gritaban. Violaron a las niñas. Las quemaron justo después. Todos los cuerpos que había afuera estaban quemados».

«El comandante de nuestro equipo vio a varias mujeres soldado que habían recibido disparos en la entrepierna, en partes íntimas, en la vagina o en el pecho. Parece haber una mutilación genital sistemática de un grupo de víctimas». Los informes de los médicos forenses que recibieron los cuerpos en la morgue son escalofriantes.

Nachman Dyksztejna, uno de los voluntarios que acudieron al Kibutz Be'eri, horrorizado explicó que en una de las casas vio los cuerpos de dos mujeres atadas de las manos a una cama. Uno de los cuerpos había sido brutalmente mutilado con un cuchillo en la vagina, y todos los órganos internos arrancados. Después de violarlas brutalmente, los terroristas detonaron la casa, y las encontraron debajo de un montón de escombros.

Entre el lugar del Festival Nova y la carretera, había pequeños refugios esparcidos por los campos que habían sido asaltados, llenos de montones de mujeres, montones de cadáveres de mujeres, desnudas de cintura para abajo. Todas y cada una de ellas violadas y asesinadas con un tiro en la cabeza y amontonadas después.

Un paramédico del ejército que colaboró en el levantamiento de los cadáveres en los kibutz asaltados vio a dos adolescentes, de 13 o 14 años, muertas, desnudas, ensangrentadas. Una de ellas tumbada boca abajo con sus bragas bajadas por las rodillas, y una herida de bala en la nuca. Tumbada en un charco de sangre que había manado de su cabeza, y restos de semen en su espalda.

Uno de los supervivientes explicó cómo escucharon que sacaban a las niñas de los refugios. «Escuchamos chicas que chillaban. Escuchamos a las niñas y las violaron y las quemaron después de eso». Todos los cuerpos que encontraron estaban quemados y solo han podido ser identificados mediante técnicas de ADN muy complejas. Los cuerpos de algunas de las mujeres estaban carbonizados, pero aún mantenían posturas que hacían que el asalto sexual previo fuera evidente.

Uno de los jóvenes que también había acudido al Festival Nova, Raz Cohen, de 24 años, y pudo sobrevivir, ha compartido su duro testimonio. Vio cómo cinco hombres civiles, no vestidos de soldados, terroristas de Hamás, sacaron a una chica de una camioneta. Pusieron una chica entre ellos, en medio de un círculo y después de que le arrancaron la ropa, uno de ellos empezó a violarla, y pocos minutos después sacó un cuchillo y la mató y siguió violando su cuerpo ya sin vida. El resto de los hombres mientras tanto reían. Y después corrieron detrás de otra pareja y los asesinaron acuchillándolos. La novia de Raz, Maya, que también había ido al festival con más amigas, no sobrevivió. Tampoco sus amigas.

La mayoría de los testimonios de las violaciones han podido ser relatados por supervivientes que, por azar, consiguieron no ser descubiertos, escondidos entre arbustos hasta que llegaron los soldados israelíes a rescatarlos. Casi ningún testimonio de las víctimas, porque todas fueron asesinadas.

Pese a las pruebas inequívocas y los detalles espantosos, Hamás ha negado las acusaciones sobre violencia sexual durante el ataque del 7 de octubre ya que, según sus argumentos, ello violaría los principios islámicos, y lo han atribuido a que «las campañas sionistas propagan mentiras y acusaciones infundadas para demonizar a la resistencia palestina».

También entre las pruebas de la sangrienta masacre se han encontrado videos grabados por los propios combatientes de Hamas que documentan las violaciones.

Los abusos y violencia sexual, según los testimonios de algunos de los rehenes liberados de Gaza, han continuado durante el cautiverio. Al menos 10 de los liberados, mujeres, pero también hombres, sufrieron violencia sexual. Parece que uno de los motivos para resistirse a la liberación de los rehenes fue evitar que pudieran explicar lo que les había pasado durante su cautiverio.

Aunque los testimonios son incuestionables, las organizaciones internacionales supuestamente dedicadas a la defensa de la mujer han mantenido un silencio escandaloso.

La sección de ONU Mujeres esperó hasta el día 1 de diciembre, 56 días después de la atroz masacre, para emitir un comunicado en el que aseguró «estar alarmada por los numerosos informes de atrocidades basadas en el género durante los ataques».

Movimientos como el #MeToo han mantenido también un silencio atronador. En España, las mismas organizaciones feministas que escasas semanas antes pusieron el grito en el cielo por el beso de Rubiales a Jennifer Hermoso en la celebración de la Copa del Mundo de Futbol Femenino, también callaron.

Algunas portavoces de partidos de izquierda que un año antes habían aprobado la ley del solo sí es sí, en España, para garantizar que sea necesaria la aceptación explícita de las relaciones sexuales por parte de las mujeres, argumentaron que no había pruebas concluyentes, y apoyaron las movilizaciones antiIsrael. El caso más sangrante fue el de la ministra de Infancia y Juventud de España, Sira Rego, que el mismo 7 de octubre a la 1 del mediodía puso un tuit en el que justificaba la masacre en nombre del derecho palestino a la resistencia.

Solo el 6 de diciembre, 60 días después de la masacre, la directora de Unicef, Catherine Russell, condenó la violencia sexual contra mujeres israelíes durante los ataques de Hamas.

Lo sucedido el 7 de octubre en el sur de Israel ha sido algo excepcional por la planificación del uso de la violencia sexual, porque ha sido un suceso fuera de una guerra en curso y porque ha sucedido delante de miles de ojos que lo han podido ver al haber sido grabado y retransmitido al mundo en tiempo real. La guerra con internet no solamente tiene como objetivo el acabar con las vidas de los ciudadanos enemigos, sino además grabarlo y difundirlo para humillar a las víctimas a ojos del mundo entero.

Mientras Amnistía Internacional ha mantenido silencio en su denuncia de las violaciones a mujeres israelíes el 7 de octubre, sí ha denunciado cómo las mujeres en Ucrania se enfrentan a terribles amenazas ante la invasión de Rusia.

No solamente por la violencia sexual ejercida por los soldados enemigos, sino también porque, ante la caída del estado de derecho, la violencia doméstica queda impune.

La violencia sexual relacionada con los conflictos hace referencia a la violación, la esclavitud sexual, la prostitución forzada, el embarazo forzado, el aborto forzado, la esterilización forzada, el matrimonio forzado y cualquier otra forma grave de violencia sexual perpetrada contra mujeres, hombres, niñas o niños que tienen una vinculación directa o indirecta con un conflicto. Aunque las víctimas son tanto hombres como mujeres, las mujeres sufren este crimen de forma desproporcionada.

A nivel global, la complejidad de las situaciones que afrontan las víctimas (miedo; estigmas culturales, incluyendo el rechazo de sus familias o los miembros de su comunidad, por ejemplo, por dar a luz hijos fruto de violaciones; dependencia económica, o lesiones físicas y traumas psicológicos) lleva a que con mucha frecuencia no se denuncien los delitos por esta violencia sexual y a que la impunidad ante estos crímenes campe a sus anchas. Se estima que por cada violación denunciada en el marco de un conflicto, se quedan sin documentar entre 10 y 20 casos.

El 4 de marzo del año 2023, cuando la guerra de Ucrania estaba empezando a entrar en su segundo año, la primera dama ucraniana, Olena Zelenski anunció que la Fiscalía de su país ha registrado un total de 171 casos de violencia sexual perpetrados por soldados rusos. La mayoría de las víctimas habían sido mujeres, aunque en la lista también se cuentan 39 hombres y 13 menores. También afirmó que, pese a que se han contabilizado esos casos porque esas personas han encontrado fuerzas para hablar, no hay duda alguna de que el número de víctimas de violaciones es seguro mucho mayor.

Es difícil determinar si las violaciones y otro tipo de agresiones sexuales documentadas son una estrategia deliberada de guerra o si son el resultado del control absoluto y discrecional ejercido por las tropas invasoras sobre los territorios que conquistan y sus habitantes, y de la misma manera que se apropian de alimento y animales, lo hacen de las mujeres como si de un objeto más se tratase del que disponer en su beneficio.

Hay evidencias de que, desde la invasión de la península de Crimea en 2014, ya se habían documentado crímenes sexuales en esta zona y en el este de Ucrania. El clima imperante de impunidad por las violaciones de derechos humanos en zonas de las regiones de Donetsk y Luhansk tras la pérdida de control gubernamental ucraniano y la anexión ilegal de Crimea y Sebastopol por parte de Rusia desde 2014 ha acarreado graves consecuencias para los civiles, en particular mujeres y niñas en situaciones desfavorables (como las desplazadas internas o las pertenecientes a minorías). La Red Global de Víctimas y Sobrevivientes de Violencia Sexual en Tiempos de Guerra (Sema) ha venido también denunciando la absoluta impunidad ante la violencia sexual relacionada con el conflicto desde 2014 en Ucrania.

El 16 de marzo de 2017, la Oficina del Alto Comisionado de Naciones Unidas para los Derechos Humanos (OHCHR por sus siglas en inglés) público un reporte sobre violencia sexual relacionada con el conflicto en Ucrania que data del 14 de marzo de 2014 hasta el 21 de enero de 2017. En primer lugar, este informe asume que, dada la falta de acceso a los territorios controlados por grupos armados y el miedo de las víctimas, no puede evaluar objetivamente la escala real de estos crímenes de guerra. También concluye que se han recogido testimonios de delitos sexuales tanto por parte del Servicio de Seguridad de Ucrania y batallones de voluntarios contra individuos percibidos como miembros de grupos armados, en su mayoría hombres con el fin de castigarlos, humillarlos o extraerles confesiones y en contexto de privación de libertad, acompañada de otras formas de violencia y torturas.

El informe también recoge que, especialmente al inicio del conflicto en 2014, en los territorios controlados por grupos armados, mujeres y hombres eran víctimas de arrestos administrativos de 30 días por su afiliación real o percibida con las fuerzas ucranianas. Durante este periodo recibían amenazas de violencia, ejecuciones simuladas, tortura y malos tratos como técnica de interrogación; en particular, en el caso de las mujeres, estas eran víctimas de violaciones en grupo.

Después de la invasión de Ucrania por parte de Rusia, el informe identificó que las fuerzas rusas implementaban largas sesiones de interrogación, a veces durante días, que eran mezcladas con amenazas, intimidación, malos tratos, violencia sexual y tortura, con el fin de obtener información sobre las fuerzas ucranianas y sus posiciones, o para identificar a colaboradores de las fuerzas ucranianas, muchos de estos actos fueron presenciados por niños obligados a ser testigos de estos delitos atroces. La Comisión documentó casos de violación sexual contra víctimas de 4 a 80 años cometidos por las fuerzas rusas en territorios bajo su control.

Algunas revelaciones de los crímenes cometidos por el Ejército ruso durante la invasión a Ucrania se han obtenido tras la liberación de Jerson, donde casi la mitad de los ucranianos recluidos en centros de detención fueron sometidos a tortura generalizada, incluida violencia sexual, penetraciones con objetos extraños y electrocuciones genitales. Tanto a hombres como a mujeres, especialmente a los militares y a personas con familiares en el ejército ucraniano. La Comisión Internacional Independiente de Investigación sobre Ucrania, a solicitud del Consejo de Derechos Humanos de las Naciones Unidas, realizó investigaciones sobre el estado de los derechos humanos en Kiev, Chernihiv, Járkov y Sumy, entre fines de febrero y marzo de 2022.

La defensora del Pueblo de Ucrania, Liudmila Denisova, declaró a la BBC, cuando solo habían transcurrido 48 días de la guerra, que los rusos tenían en un sótano en Bucha a 25 niñas y mujeres, entre 14 y 24 años que eran constantemente violadas. Al menos 9 de ellas quedaron embarazadas. Los soldados rusos les dijeron que las violarían de tal manera que no querrían tener relaciones sexuales con ningún hombre para evitar que tengan hijos ucranianos.

El caso de violencia sexual emblemático reportado por la Comisión Internacional Independiente de Investigación sobre Ucrania fue el de una familia de la provincia de Kiev que en marzo de 2022 sufrió el allanamiento de su hogar por parte de soldados rusos, quienes violaron a la esposa de 22 años múltiples veces, agredieron sexualmente al esposo, obligaron a la pareja a tener relaciones sexuales en su presencia, y uno de los soldados forzó a la hija de 4 años a realizarle sexo oral. Otros casos son el de una mujer de 83 años que fue violada por fuerzas rusas en frente de su esposo discapacitado, la violación de una adolescente de 16 años en Chernihiv durante una semana, o el de una mujer cuya hija de 4 años escuchaba cómo violaban a su madre en un cuarto cercano.

Por supuesto, al igual que Hamas, Rusia niega cualquier evidencia de abusos, violaciones o masacres en suelo ucraniano.

El silencio de los países comprometidos con la lucha feminista resulta estruendosamente escandaloso cuando carecen de política exterior coherente con esos principios y de medidas contundentes para proteger a las niñas y mujeres más allá de las palabras. Las organizaciones feministas en España denunciaron el *purple washing*, esta falta de política exterior feminista en el caso de Ucrania. Para las mujeres israelíes violadas y torturadas por Hamás, el silencio fue aún, si cabe, más aterrador.

Hemos mencionado los casos de los conflictos armados activos hoy en día, de los que recibimos información a diario en los informativos televisivos, pero tenemos numerosos ejemplos históricos del empleo de la violencia sexual como arma de guerra. Mujeres alemanas violadas por soldados soviéticos; esclavas sexuales al servicio del ejército japonés durante la Segunda Guerra Mundial; las decenas de miles de mujeres chinas violadas en la masacre de Naking en 1937, en la segunda guerra entre China y Japón. La partición de India y Pakistán dejó unas 70.000 mujeres víctimas de violencia sexual y unas 400.000 en la creación de Bangladesh en el 1971. El genocidio de Rwanda también estuvo plagado de violaciones. La guerra de Bosnia fue un escenario bélico donde la utilización sistemática de la violencia sexual se convirtió en instrumento recurrente como parte integral de la limpieza étnica. Este caso es muy importante, ya que los procesos judiciales derivados de Bosnia sentaron las bases para la judicialización de la violencia sexual como arma de guerra.

El continente africano cuenta con varios ejemplos de estas crisis crónicas, también llamadas crisis complejas, en las que picos de conflicto armado se alternan con situaciones estructurales de violencia e inseguridad, alimentadas por intereses económicos y políticos.

En el Congo, una población mayoritariamente femenina se ve sometida, sin tregua, a la violencia sexual en un conflicto en el que todos los combatientes cometen graves violaciones de derechos humanos. El mismo gobierno congolés registró

15.352 incidentes de violencia sexual y por motivos de género durante 2013.

En Líbano encontramos la misma situación. Tenemos a disposición los testimonios de algunas mujeres que declaran haber sido violadas, pero a la vez no preparadas para recurrir a organizaciones que les ayuden, o a hablar de violencia sexual y de género en público.

Algo parecido nos cuenta Diala desde Egipto: «Una mujer sola en Egipto constituye una presa fácil para todos los hombres». Y lo mismo en Nigeria con el grupo islamista Boko Haram, en Sudán del Sur, Yemen, Irak, Afganistán, Somalia, Mali, etc.

El ejército de Myanmar ha propiciado el mayor campo de refugiados del mundo en el territorio de Bangladesh, recluyendo allí a la minoría Rohingya. Este ejército ha sido acusado numerosas veces de ejercer una gran violencia sexual contra las mujeres de la minoría musulmana.

También Siria, donde la violencia sexual se ha convertido en una de las esencias del conflicto, diversos informes de la ONU y de organizaciones de derechos humanos han alertado que la violencia sexual ha sido utilizada como mecanismo de tortura, humillación y degradación contra mujeres, hombres y menores de edad. Las fuerzas de seguridad sirias y milicias progubernamentales han sido acusadas de hacer uso de la violencia sexual en cárceles de todo el país.

Parece que todo escenario de guerra en el planeta, desde los inicios de la historia de la humanidad, ha incluido la violencia sexual como arma de guerra, como forma de humillar y poseer al enemigo y derrotarlo.

Epílogo

Nos ha costado mucho escribir este libro.

Escribir un libro es asumir el reto de empezar un viaje que nunca sabes dónde te llevará. En la búsqueda de datos, de testimonios, de información, se construye una parte de una misma que, antes de lanzarse a vencer el pánico de la página en blanco, no existía. Ni tan siquiera se podía intuir.

Este libro nos ha hecho ser un poco más maduras, más serenas, al permitirnos reflexionar sobre la historia de las mujeres que nos han precedido, y de las mujeres con las que compartimos momento histórico en otras partes del globo. También las que viven a cuatro calles de nuestras casas con realidades muy lejanas a las nuestras. Este libro nos ha llevado a ser conscientes de la fortuna inmensa que hemos tenido como mujeres de vivir en Barcelona, en el siglo XXI, en familias que nos han podido proporcionar una estabilidad para crecer, que nos respetaron y nos protegieron cuando éramos niñas, que pudieron proveernos del amor por el estudio y de los medios para tener una carrera universitaria, una profesión y poder valernos por nosotras mismas autónomamente. También nos ha hecho ser más «sufrientes» con el sufrimiento de las mujeres de las que os hemos hablado.

Al escribir las páginas de este libro somos conscientes de nuestro privilegio, y cada uno de estos capítulos es un tributo a la valentía de tantas y tantas mujeres que a lo largo de la historia han tenido que sobreponerse a tantísimas humillaciones como las que describimos aquí y una ofrenda a la memoria de su sufrimiento.

También quiere ser un agradecimiento a todas las generaciones de luchadoras que defendieron los derechos de las mujeres, en igualdad a sus compañeros varones. Nuestras madres, abuelas, las abuelas de ellas, y así generaciones de mujeres que han luchado para que hoy en día, y en este rincón pequeño, las autoras de este libro hayamos crecido a salvo. Somos conscientes de que esta parte del mundo que llamamos Occidente es una especie de parque temático donde los riesgos están bajo control, porque existe un Estado de derecho que permite que vivamos bajo el amparo de la Ley que castiga todas estas conductas dañinas al considerarlas delitos. O, al menos durante estos 40 años que hemos vivido en España en democracia y hemos visto nacer la Unión Europea, hemos crecido en esa ficción.

Es por ello que también es imprescindible brindar este libro, en nuestro agradecimiento, a todos los hombres buenos que nos han querido y respetado, a nuestros padres, hermanos y abuelos, y a todos los que a lo largo de la historia han apoyado y defendido a las mujeres y las han amado y respetado y considerado iguales a ellos.

Ha sido difícil escribir este libro porque es imposible no ponerse en la piel de todas estas mujeres mientras hemos escrito lo que vivieron, e, inevitablemente, sentir sus sentimientos de impotencia, de rabia, de dolor, de humillación y su sufrimiento.

Inevitablemente, a lo largo de este libro hemos ido echando la vista atrás para reflexionar acerca de la historia de las relaciones entre los hombres y las mujeres, y también la evolución de los consensos sociales respecto a los roles en la pareja y en la familia de ambos y en lo que se considera permitido y tabú respecto a las conductas sexuales. A la vez, ha ido evolucionando el concepto de lo correcto y lo incorrecto en las normas sociales que rigen estas relaciones, cambiando las leyes que regulan la convivencia y las expectativas de ambos en estas relaciones hasta regularse judicialmente el acto sexual mismo.

Como expertas en el campo de la psicopatología forense, no hemos querido dejar escapar la oportunidad de compartir algunos conceptos de nuestra disciplina en su aplicación en los ámbitos penal y civil, especialmente. Y compartir algunos casos en los que hemos tenido que evaluar a víctimas y presuntos agresores.

Este libro es también por nuestras hijas, por nuestras sobrinas, por las hijas de nuestras amigas. Por todas ellas, en la travesía que ha sido este libro, hemos querido a la vez ser críticas con la sociedad en que nos ha tocado vivir. Porque no deben olvidar de dónde venimos, para no bajar la guardia ante todos los riesgos que les pueden acechar mañana.

A la vez que reconocemos estos grandiosos avances, no podemos ser indiferentes a las grandes distancias que existen entre diferentes puntos del globo y entre diferentes culturas, incluso a escasos kilómetros de distancia. Y también a las incoherencias y contradicciones que pretenden justificar y amparar estas distancias. Y por ellas, por nuestras mujeres del futuro, también hemos querido esbozar los caminos que quedan por delante.

Quizá para alguno de los lectores no ha pasado desapercibido que en este libro hemos hecho una mención muy escasa al feminismo, a los feminismos, al heteropatriarcado ni hemos culpado a los hombres en general de todos estos delitos sexuales. Los culpables son los delincuentes, no los hombres. Los marcos ancestrales en los que se han desarrollado las civilizaciones, en las que participaban hombres y mujeres, no los hombres. Las víctimas son los inocentes, hombres y mujeres. Sí, hombres también como víctimas y también mujeres que intervienen en delitos sexuales, en las tramas de prostitución y trata de personas, también mujeres acosadoras sexuales, también mujeres que casan a sus hijas de 10 años y que les mutilan los genitales. También hay mujeres que han silenciado a sus hijas cuando han sido violadas culpándolas de lo que les había sucedido. También hay mujeres que han mirado para otro lado mientras en la familia abusaban de sus hijos. También mujeres que denuncian falsamente para perjudicar o para obtener ganancias económicas o fama. También hombres abusados sexualmente, extorsionados en redes sociales y violados en las cárceles de Bucha en Ukrania y en nuestras calles.

Aunque la diferente constitución física pueda haber llevado a los hombres a aprovecharse de esa superioridad, consideramos que no existe un grupo de personas que por su género sean víctimas y otros victimarios. Por eso, aunque reconocemos el papel de los movimientos feministas en los cambios legislativos a lo largo de la historia, y agradecemos su intervención en los cambios acaecidos especialmente en los últimos cien años de la historia de la humanidad, en este libro no hemos hecho apenas referencia a ellos intencionalmente. Valga este epílogo como reconocimiento a su labor para que a lo largo de la historia se haya conseguido que todas estas agresiones sexuales se consideren hoy en día, en España y en buena parte de Occidente, delitos. Y que se persigan. Y que se erradiquen las agresiones sexuales de la normalidad de las relaciones entre hombres y mujeres. Y entre hombres y hombres. En Occidente y más allá.

Barcelona, marzo del 2024.